BIENHEUREUX MICHAEL MCGIVNEY

UNE VIE DE PRÊTRE

[illegible]

Merci.

[illegible]

Douglas Brinkley et Julie M. Fenster

EDITIONS PREMIERE PARTIE

Originally Published in the U.S.A under the title:
Parish Priest : Father Michael McGivney and American Catholicism.

www.editionspremierepartie.com
Courriel : contact@editionspremierepartie.com

Traduction : Hubert Darbon
Couverture : Caroline Soulères
Composition : Noémie Malengreaux

Imprimé en France
Dépôt légal : 1er trimestre 2021
ISBN : 978-2-36526-249-1

À PROPOS DES AUTEURS

Douglas Brinkley est professeur d'histoire et directeur du Theodore Roosevelt Center de l'université de Tulane. Il est l'auteur de nombreux ouvrages, parmi lesquels *The Great Deluge*, *Tour of Duty* et *The Boys of Pointe du Hoc*, tous inclus dans la liste des best-sellers du *New York Times*. Contributeur régulier de *Vanity Fair* et d'*American Heritage*, il vit à la Nouvelle-Orléans avec sa femme et leurs deux enfants, Benton et Johnny.

Julie M. Fenster est un auteur primé de livres d'histoire. Elle a notamment écrit pour *American Heritage*, le *New York Times* et *American History*. Elle est directrice de la collection Presidential Book Series pour Forbes et vit à New York.

Préface du père Pierre Amar

Né en septembre 1973, ordonné en 2002, le père Pierre Amar est prêtre du diocèse de Versailles (France). Avec d'autres confrères investis comme lui sur les réseaux sociaux, il est l'un des fondateurs du Padreblog (www.padreblog.fr) qui offre une parole de prêtres franche, directe et réactive sur l'actualité. Intervenant dans de nombreuses émissions radio et télévisées, il est l'auteur de plusieurs livres et pièces de théâtres. Il découvre en 2016 la vie de l'abbé Michael McGivney et effectue plusieurs visites aux États-Unis afin de mieux connaître la confrérie des Chevaliers de Colomb. Comme curé de la paroisse de Limay, il a fondé avec des paroissiens le conseil Jacques Hamel, premier conseil du Diocèse de Versailles. En janvier 2021, le père Pierre Amar est nommé conseiller ecclésiastique des Chevaliers de Colomb pour la France.

Au révérent père Gabriel O'Donnell, O.P.

Ainsi qu'à deux curés de paroisse, le père Charles Borgononi, du diocèse de Syracuse (New York), et le père James Carter, du diocèse de la Nouvelle-Orléans (Louisiane).

Préface

« Où sont les hommes ? » : c'est la question que se posent souvent les curés de paroisse, entourés dans leurs tâches apostoliques par de nombreuses femmes qui – il faut le reconnaître – font véritablement tourner les paroisses. En rendant grâce pour le dynamisme, le dévouement et la présence fidèle de ces Marthe et de ces Marie, les prêtres gardent pour autant ce questionnement de façon prégnante : *« Où sont donc les hommes ? »*

Une aventure née outre-Atlantique

C'est un prêtre américain récemment béatifié et encore peu connu qui peut nous aider à y répondre. Un curé de terrain au cœur de pionnier, c'est-à-dire un peu (trop ?) volontaire et sensible, mais terriblement enthousiaste et généreux. Un prêtre qui a fondé un système de mutuelle privée et d'assurance-vie qui se place aujourd'hui dans les toutes premières sociétés de prévoyance aux États-Unis. À dire vrai, son nom est de plus en plus cité car, à l'heure où ces lignes sont écrites, deux millions d'hommes se réclament de sa mémoire et de son héritage. Ils portent un nom quelque peu exotique qui semble sorti tout droit des studios d'Hollywood : *« Chevaliers de Colomb »*.

On pourrait en rester là et n'évoquer que ces apparences : celle des dollars et des uniformes mais aussi d'une fraternité curieusement réservée aux hommes. Pourtant, un esprit intrigué et attentif voudra certainement aller plus loin. Car l'essentiel est invisible pour les yeux. Et là où sont rassemblés des Chevaliers de Colomb, c'est toute une « bande de frères » qui se rassemble autour du prêtre pour l'aider, le défendre, rire, travailler et prier avec lui.

L'esprit de chevalerie, fait de combats à mener et d'aventures à vivre, les aide dans la grisaille du quotidien. Les Chevaliers de Colomb d'aujourd'hui ne sont pourtant ni nostalgiques ni déprimés. Ils aiment ce monde et souhaitent mutualiser leurs forces autour d'une conviction : ils seront de meilleurs hommes, de meilleurs époux et de meilleurs pères s'ils sont tout simplement de meilleurs chrétiens. Leurs épouses et leurs enfants ont tout à y gagner. Sans parler de leurs paroisses et de ce monde où leurs activités caritatives innovantes font souvent la différence. Et tout cela dans un esprit bon enfant qui ravirait sainte Thérèse de Lisieux, le docteur de la « petite voie » : leur cri de rassemblement n'est-il pas, tout bonnement… « Vive Jésus ! » ?

L'Évangile au cœur de l'*American dream*

Un homme, un simple prêtre de paroisse, est à l'origine de tout cela : Michael McGivney. En le présentant comme le « Curé d'Ars américain », on ne force pas le trait. Saint Jean-Marie Vianney a mis le feu à sa paroisse. Le bienheureux McGivney également. Hommes de Dieu à qui ils ont consacré leur existence, hommes de prière et des sacrements, ils n'ont eu tous les deux qu'un seul et unique désir : conduire vers le Seigneur les âmes qui leur étaient confiées.

Mais toute figure de sainteté est une interprétation personnelle de la seule partition qui soit, la sainteté de Dieu. Celle-ci s'incarne dans un style, une époque, une culture et une humanité. Or, à la fin du XIXe siècle, l'Église qui est aux États-Unis ne ressemble pas vraiment à l'Église qui est en France. Il y a certes le vieux fond de toute humanité, fait de faiblesse et de grandeur. Où qu'elle soit, la pâte humaine reste bien la même, capable du pire et du meilleur. Mais la figure du catholique romain y est très isolée, dans un environnement où les opposants (protestants, membres du Ku-Klux-Klan ou Francs-maçons) sont nombreux et actifs. Les tensions sont omniprésentes et la guerre de Sécession vient à peine de s'achever. Lorsqu'ils débarquent sur la côte est, les nombreux immigrants catholiques séduits par *« l'American dream »* doivent aussitôt adopter le rythme endiablé d'un pays en pleine croissance. Tout est nouveau, même la langue… sauf, bien sûr, pour les Irlandais.

Dans ce tourbillon parfois déstructurant demeure un repère consolateur : le clocher de l'église. Comme un doigt pointé vers le Ciel, sa flèche rappelle à tous que l'homme n'est pas fait que pour vivre à l'horizontale, à manger, travailler, dormir. Il est fait pour autre chose, pour l'Absolu, pour une rencontre à la verticale, faite de Bien, de Beau et de Vrai. Curé bâtisseur, Michael McGivney ne cessera pas de rappeler les droits du Ciel dans une société anglo-saxonne qui s'enivre de projets terrestres.

Un homme de feu

Que serait le clocher sans son gardien ? La figure du père McGivney, « prêtre généraliste » de terrain rejoint alors profondément celle de l'illustre curé d'Ars, patron des curés du monde. Dans le cœur du chétif pasteur français et celui de l'énergique curé du Connecticut, on sent battre le même idéal. Tous deux déploient en effet des trésors d'inventivité et d'énergie pour être les témoins infatigables de la tendresse de Dieu, particulièrement dans leur disponibilité à proposer le sacrement de confession. Tous deux défendent inlassablement les brebis du troupeau comme un père défend ses enfants. Tous deux y ruineront leur santé.

On découvrira avec intérêt dans les pages qui suivent comment le sacerdoce catholique peut rayonner et comment, finalement, la figure du prêtre – homme de tous et pour tous – est vraiment d'utilité publique. En rassemblant ses paroissiens, en les faisant prier, s'entraider et agir, McGivney déploie avec son génie propre mais aussi son rude tempérament irlandais des concepts dont toute paroisse du monde peut largement s'inspirer : autonomisation des laïcs, complémentarité homme/femme, fierté de l'identité chrétienne, audace de l'évangélisation, dimension communautaire de la foi.

Finalement, cet ouvrage est bien plus qu'un récit. À travers le charisme d'un prêtre, il est une sorte de feuilleton qui décrit l'aventure du catholicisme dans un pays où l'Évangile n'est présent que depuis quelques siècles. L'enseignement est profitable car en matière d'évangélisation rien n'est jamais acquis. Bien sûr, Dieu pourrait agir autrement mais il a besoin des hommes pour annoncer la bonne nouvelle du Salut. En vous procurant ce livre, n'avez-vous pas vous aussi le désir de rejoindre cette longue liste des témoins courageux, authentiques et décomplexés sur lesquels l'Église peut compter ? Au Ciel, vous direz que vous en étiez !

Père Pierre Amar
Conseiller spirituel des Chevaliers de Colomb – France

CHAPITRE 1

UN AMI DE LA FAMILLE

Certains diraient que l'État du Connecticut n'avait aucune antipathie contre les catholiques au début des années 1800 ; toujours est-il qu'il leur interdisait d'acheter des terres. Si l'affaire était portée en justice, une dérogation spéciale pouvait être accordée, mais uniquement par un acte législatif. Dans le même temps, les catholiques devaient, comme la majorité de la population, s'acquitter d'une taxe au bénéfice de l'Église congrégationaliste qui était la religion officielle de l'État. Les épiscopaliens, les baptistes et les quakers en étaient tous exemptés, mais pas les catholiques. Rien d'étonnant à ce que le Connecticut, dont la population s'élevait alors à 300 000 habitants, n'ait compté que quelques dizaines de catholiques. Pourtant, cela n'avait pas empêché Michael et Bridget Downes de s'y installer.

Le sort des catholiques, dans la patrie qu'ils avaient quittée, était bien pire, et celui des protestants à peine meilleur. L'Irlande du début du XIXe siècle avait été appauvrie de force. Peu d'agriculteurs y possédaient leur propre lopin, et les propriétaires, dont la plupart vivaient en Angleterre ou sur le continent, étouffaient tout espoir d'amélioration en imposant des loyers délirants à leurs locataires. Envoyé dans le comté de Donegal, un correspondant du *Times*, journal londonien conservateur traditionnellement hostile aux Irlandais, décrivait ainsi le paysage rural typique de cette époque : « D'un bout à l'autre du domaine [du propriétaire], on ne trouve rien à part la misère, la pauvreté, de maigres cultures et un découpage infini des terres. Il n'y a pas de noblesse ni de classe moyenne ; tous sont pauvres, terriblement pauvres. Le moindre shilling que les locataires parviennent à tirer de leurs terres à moitié cultivées disparaît dans les loyers, et les gens ne vivent pour la plupart que de pommes de terre et d'eau. »

Ainsi, même avant que le mildiou de la pomme de terre ne cause la Grande Famine de 1845, les Irlandais – sans possibilité d'ailleurs de se dire irlandais – se trouvaient acculés. « On trouve trace dès 1815 de la conviction que le pays n'a plus d'avenir », écrivait William Forbes Adams dans son ouvrage classique *Ireland and Irish Emigration to the New World*. Les Downes s'enfuirent donc assez tôt et prirent le bateau pour l'Amérique en 1827 avec leur fils. Ils avaient pour destination l'État du Connecticut, où quelques-uns de leurs anciens voisins s'étaient déjà installés.

Pendant plus d'une douzaine d'années, Michael Downes, connu sous le nom de Mikey, fut travailleur journalier, trouvant probablement à s'employer comme la plupart de ses compatriotes sur les chantiers des canaux ou des voies de chemin de fer. En 1832, lui et Bridget déménagèrent à New Haven et ce n'est pas un hasard. Cette même année, la première paroisse catholique romaine, qui comptait quelque trois cents fidèles, s'installa dans la ville : il ne fait pas de doute qu'une famille pieuse comme les Downes avait cherché dès que possible à se rapprocher d'une communauté paroissiale catholique.

New Haven était l'endroit parfait pour des gens comme les Downes. L'apprentissage de la lecture et l'instruction de façon plus générale étaient importants pour Mikey et Bridget, et New Haven, ville manufacturière au port très actif, profitait de la forte influence de l'université de Yale. Fondée en 1701, Yale fut d'abord une institution puritaine plutôt rigide, mais elle se libéralisa considérablement au cours du XIXe siècle, combinant un haut niveau académique avec un certain esprit rebelle. Son campus occupait toute une moitié du Green, ce vaste parc herbeux qui formait le lieu de retrouvailles de la vie de New Haven. L'université de Yale, dominant le paysage comme une citadelle en pierre de taille, n'avait que faire des familles récemment arrivées dans la ville de New Haven comme celle des Downes. Ils n'étaient après tout qu'un couple d'ouvriers parmi d'autres, se contentant de contempler la grande université lors de leurs promenades le long du Green, suivis de leurs trois jeunes fils William, Edward et John.

Mikey Downes avait commencé à travailler à New Haven comme crieur de journaux dans la rue. Ce travail lui convenait, et peu de temps après, il fut en mesure de s'installer à son compte : on raconte qu'il fut le tout premier kiosquier de New Haven. Il proposait à la vente des publications locales et new-yorkaises. C'était pour lui une vraie réussite, mais qui n'allait pas s'arrêter là. Écœuré comme la plupart de ses compatriotes par l'agriculture après ce qu'ils avaient vécu en Irlande, il considérait le commerce comme le champ de tous les possibles.

De tous les immigrants irlandais de la première génération, 1 % seulement a réussi à réaliser ce rêve d'ouvrir une boutique ; Downes le fit au début des années 1840 en louant un espace au carrefour des rues Church et Chapel, au bord du Green, avec vue sur Yale. On pouvait y acheter son journal ou s'installer dans l'arrière-boutique pour y consulter autant de titres de presse new-yorkais que l'on souhaitait pour deux cents. Les débats politiques avec le tenancier étaient gratuits quant à eux.

Mikey et Bridget avaient également acquis une propriété en 1843, sans que la législation de l'État en ait été informée, la loi exigeant une dispense spéciale pour les catholiques souhaitant accéder à la propriété foncière ayant en effet été abolie dix ans plus tôt. L'antagonisme officiel vis-à-vis des catholiques semblait avoir disparu. En revanche, l'anticatholicisme officieux atteignait de nouveaux sommets. La famille Downes souhaitait faire mentir les clichés qui dépeignaient les immigrants catholiques en général, et plus particulièrement les Irlandais, comme des indolents malhonnêtes, et montrer qu'elle avait toute sa place en Amérique.

En 1845, alors que sa boutique avait offert à la famille Downes une certaine notoriété à New Haven, Mikey mourut subitement. Ce fut son deuxième fils, Edward, à peine âgé de seize ans, qui prit sa suite. Aidé par son frère et sa mère, John, le plus jeune des trois fils Downes, obtint son diplôme de médecine à Yale en 1854. Ayant très vite acquis par sa pratique une grande popularité, il mourut de la tuberculose à l'âge de vingt-six ans. L'aîné, William, fut peu après diplômé de l'école de droit de Yale et connut sa propre réussite ; il était connu comme le « seul avocat catholique de New Haven » avant de mourir lui aussi prématurément de la tuberculose.

Au fil des ans, la boutique fut entièrement laissée à la gestion d'Edward, qui ne cessa de faire prospérer son petit empire jusqu'à la fin des années 1860. Son enseigne indiquait : « Edward Downes, papeterie et journaux en gros et au détail ». Fournitures pour artistes, bandes dessinées, il vendait tout ce qui avait trait au papier et dirigeait l'une des entreprises les plus florissantes de New Haven. Edward Downes était également père de famille avec six enfants nés de sa première épouse, deux de la deuxième et six autres de la troisième, Catherine. Le dimanche matin, on pouvait voir quatorze des quinze membres de la famille Downes se rendre à l'église Sainte-Marie. Joséphine, la quinzième, s'y trouvait déjà, en qualité d'organiste.

Comme n'importe quelle autre paroisse catholique, Sainte-Marie attirait toutes sortes de gens, mais plus particulièrement les personnes énergiques et ambitieuses de New Haven. Peut-être en partie grâce à son cadre : son imposante structure de pierre, qui semblait presque être une cathédrale non officielle, était située sur Hillhouse Avenue, la rue la plus prestigieuse de New Haven. En dépit de son aspect intemporel et de son architecture de style gothique anglais, Sainte-Marie, consacrée en 1874, était la plus récente église catholique de la ville. New Haven comptait alors cinq paroisses, mais aucune ne ressemblait à celle-ci. Le bâtiment lui-même inspirait fierté et grandeur dans le cœur des notables catholiques comme Edward Downes, mais il diffusait pour la génération de ses enfants une lumière plus attirante encore. On savait qu'à l'intérieur, un ami attendait : c'est là l'étincelle qui donne vie à une église.

Pour les jeunes paroissiens de Sainte-Marie, le père Michael McGivney était l'un d'entre eux, non pas seulement parce qu'il aimait rire et plaisanter, ou prendre part à une bonne partie de base-ball, mais parce qu'il savait ce que cela signifiait d'être de la « première génération » ou de la « deuxième ». Il savait ce que signifiait chercher sa place et la trouver en tant qu'Américain et catholique romain. C'était le but de tous ses paroissiens, chacun s'y prenant à sa façon. Certains, comme Josephine Downes, finirent par le suivre en se consacrant à l'Église. D'autres décidèrent de suivre le rythme effréné de la vie américaine, sans pour autant se détacher de la pratique quotidienne de leur religion. Dans les deux cas, la conviction du père McGivney était que la première force résidait dans la famille. Il était fasciné par le pouvoir que cette structure apportait parce que ses membres étaient liés par le besoin qu'ils avaient les uns des autres : les parents l'un de l'autre, les enfants des parents et entre eux, et les parents des enfants, formant tout un réseau d'obligations et de devoirs. Là résidait un immense potentiel pratique et spirituel. C'était la philosophie du père McGivney, et une absolue conviction qui l'habitait depuis qu'il avait la vingtaine. Son style personnel n'était heureusement pas rigide. Son charisme, empreint de bonne humeur et d'empathie, résidait dans sa capacité à s'adapter à des personnes de tout âge.

En apprenant à connaître chacun des Downes – ce qui ne manqua pas de prendre un certain temps –, le père McGivney noua une amitié profonde avec Edward Downes Jr., le fils du papetier, qui envisageait de se donner lui aussi à l'Église. Naturellement porté à l'érudition, Edward Jr. étudiait au collège Saint-Charles près d'Ellicott City, dans le Maryland, où il était entré en 1876 à l'âge de seize ans. D'après son règlement, Saint-Charles avait pour seul objectif d'instruire « les jeunes catholiques qui aspiraient au sacerdoce ». Installé dans un immense bâtiment au milieu de la campagne du Maryland, c'était une institution indépendante, mais que l'on considérait généralement comme une école préparatoire à l'université Sainte-Marie et au Séminaire Saint-Sulpice de Baltimore. L'abbé McGivney, qui avait lui-même suivi ses études au séminaire Sainte-Marie le savait bien.

Saint-Charles se décrivait comme « un strict séminaire ecclésiastique préparatoire », en insistant bien, semble-t-il, sur le mot « strict ». Il fallait l'autorisation du président pour correspondre avec qui que ce soit en dehors de ses parents et de son pasteur. Mais ce n'était pas tout. « Pour se prémunir contre la perte de temps et les atteintes à la morale inhérentes aux lectures frivoles ou de mauvais aloi », les garçons n'étaient pas autorisés à lire quoi que ce soit, à l'exception de ce que leur recommandaient leurs professeurs. Pour un jeune homme comme Edward Downes Jr. qui avait passé son enfance au milieu des livres frivoles, de tels interdits devaient sembler aberrants – à moins qu'il ne les ait accueillis avec un certain soulagement. Quoi qu'il ait pensé de cette règle, une chose est sûre : il se porta très bien à Saint-Charles. Au printemps 1881, il obtint son diplôme en finissant deuxième de sa promotion. À 21 ans, prêt à poursuivre le rêve de toute sa vie et à cheminer vers le sacerdoce, il prévoyait d'entrer au séminaire Sainte-Marie dès l'automne. Son frère cadet Alfred, dix-huit ans, avait lui aussi de grands projets, s'apprêtant à entrer en droit à Yale.

Des années durant, Edward Downes Sr. et les siens furent considérés comme « la famille catholique la plus ancienne, la plus riche et la plus respectée de New Haven ». Ce fut longtemps vrai, mais à partir de 1881, cette renommée fut celle que leur accordaient encore les âmes les bien charitables de la ville ou celles qui ne savaient rien de la réalité.

En effet, Edward Sr. avait été pris au dépourvu par la crise bancaire de 1873 ; le ralentissement économique qui s'ensuivit finit par surpasser sa capacité à honorer ses créances. Il dut se résoudre à fermer boutique et à perdre son portefeuille d'investissements, principalement immobiliers. La famille emménagea dans une série de maisons de plus en plus petites, jusqu'à retourner dans celle de Howe Street où Edward avait grandi. Une maison un peu trop petite pour sa tribu, mais où ils parvinrent tout de même à s'entasser. D'une manière ou d'une autre, Edward réussit à sauver les apparences dans le monde des affaires. Il ne mit pas longtemps à ouvrir un nouveau magasin dans le centre-ville dans lequel il reprit la vente de titres de presse et de papeterie. Mais il avait toujours plus de dettes que d'actifs, même si sa famille, qu'en dépit de toutes ses difficultés il avait réussi à garder autour de lui, demeurait un actif. Son épouse Catherine tomba même à nouveau enceinte à la fin de l'année 1881.

Edward Sr. entretenait l'espoir de refaire sa fortune, et à cinquante-deux ans, il avait encore du temps devant lui ; c'est du moins ce qu'il se disait en se rendant à son kiosque à journaux qui se faisait chaque jour, étrangement, plus petit et plus silencieux. Cependant, il ne passa pas l'année, emporté fin décembre par une « fièvre cérébrale ». On ne sait pas vraiment si le médecin légiste utilisa ce terme générique pour désigner le paludisme, ou pour dire que ses malheurs en affaires avaient plus durement touché Edward Sr. qu'il ne l'avait laissé paraître.

Les Downes avaient bâti leur réputation et leur richesse au cours des cinquante années qui avaient suivi l'arrivée de Michael et Bridget à New Haven en 1832. En à peine une journée, tout s'effondra. Avec la mort d'Edward Sr., l'ampleur de la chute financière de la famille Downes explosa au grand jour. Mais il y avait pire.

Tout ce qu'Edward avait mis en place, bon an mal an, pour assurer un avenir heureux à ses enfants s'écroulait, et la justice ne tarderait pas à décider de leur sort. Mais là n'était même pas le plus terrible : l'ultime tragédie affecta Catherine, la veuve d'Edward, qui ne trouva personne à qui s'adresser pour obtenir de l'aide.

Edward Sr. n'avait rien laissé. Au cours de l'hiver 1882, Catherine essaya péniblement de surmonter le deuil de son mari, mais le poids qui accablait sa famille se faisait plus écrasant encore. Elle se réveillait chaque matin dans l'incertitude, sans savoir qui allait subvenir aux besoins de ses enfants et beaux-enfants pour assurer leur avenir. La municipalité de New Haven elle-même n'avait pas la réponse. Lorsqu'une famille n'avait plus de revenus, le tribunal des successions pouvait en confier les enfants aux institutions publiques. Si elle faisait peser sur les familles l'affreux spectre de la séparation, la loi visait en réalité, d'une part à protéger les enfants d'une éventuelle négligence, d'autre part à épargner à la communauté les affres de la délinquance d'adolescents mal encadrés. Le tribunal des successions demandait aux familles comme celle des Downes de fournir la preuve que les orphelins de père n'étaient pas livrés au vagabondage, ce que Catherine Downes n'était pas en mesure de faire.

Edward Jr. n'eut d'autre choix que de quitter le séminaire, de retourner chez lui et de reprendre le kiosque.

Dès janvier, il sut montrer qu'en dépit de son jeune âge, il avait la capacité de gérer la boutique et assurer à sa belle-mère et aux plus jeunes enfants une situation convenable. Le tribunal s'intéressa de plus près aux trois adolescents de la famille : Alfred, dix-neuf ans, George, dix-sept ans, et Joseph, quatorze ans. Sans argent, ils ne pouvaient espérer ni instruction ni formation professionnelle. Aussi le juge décida qu'il faudrait leur trouver à chacun un tuteur, faute de quoi il interviendrait pour placer les enfants. Les tuteurs devaient être des personnes d'honnête vie, dont le choix devait faire l'approbation du tribunal. La bonne ville de New Haven n'en manquait pas. Beaucoup d'entre elles étaient des amis d'Edward Downes Sr. Cependant, les tuteurs étant pleinement responsables des faits et gestes de leurs pupilles, cela réduisait considérablement la liste des volontaires, malgré la bonne éducation des jeunes Downes – car un adolescent est imprévisible, quelle que soit l'époque ou la famille.

Enfin, les tuteurs devaient s'acquitter d'une caution de plus de 1 000 $. Autant dire qu'au bout du compte, il n'y avait plus de candidats. Heureusement, des proches s'associèrent pour prendre sous leur aile les deux plus jeunes, George et Joseph. Le 2 février 1882, le tribunal des successions de New Haven accepta 2 500 $ de caution pour chacun d'eux de la part de leurs nouveaux tuteurs. Restait Alfred. Le tribunal fixa le montant à 1 500 $ et déclara qu'il statuerait le 6 du même mois.

Malgré toutes les relations que les Downes avaient nouées à New Haven, dans le milieu des affaires, dans la politique et dans la communauté irlandaise, personne ne se manifesta. Les vieux amis d'Edward Sr. disparurent en prétextant qu'ils n'avaient pas le temps ou qu'ils n'avaient pas de quoi payer. Le lundi 6 à New Haven, on ne parlait que pour se plaindre. Des tempêtes hivernales, samedi et dimanche, avaient laissé plus de trente centimètres de neige que l'on devait pelleter. Les trains ne circulaient presque plus et même les bateaux à vapeur assurant la liaison avec New York avaient du retard. Les habitants de New Haven qui travaillaient dans le centre-ville faisaient face à leurs propres problèmes, les trottoirs étant encore encombrés, les propriétaires n'ayant pas eu le temps de déneiger devant chez eux.

Seul le tribunal des successions avait ouvert à l'heure. Edward Jr. représentait sa belle-mère Catherine, qui devait accoucher dans les deux mois et était tenue de garder le lit. Son jeune frère Alfred répondit à une série de questions posées par le juge, après quoi ce dernier demanda si quelqu'un s'était présenté pour assurer la tutelle d'Alfred Downes. Alfred se tourna vers la galerie.

Michael McGivney se leva.

C'était un homme d'aspect fluet, dont l'air vif de l'hiver avait rosi le visage lisse. Pour certains des plus âgés dans l'assemblée, ce fut une surprise de voir un prêtre catholique dans un bâtiment du gouvernement. Jusqu'à la génération du père McGivney, les prêtres quittaient aussi rarement que possible les propriétés ecclésiastiques, afin de mettre l'accent sur la supériorité des richesses qui s'y trouvaient. Dans l'agitation des années 1880, avec la disparition progressive de la proscription, ils sortaient plus régulièrement, pour raisons religieuses ou profanes. Néanmoins, même les plus mondains se gardaient de jouer le moindre rôle dans les institutions.

En ce matin de février, le père McGivney se considérait cependant tout à fait à sa place de curé en venant au tribunal des successions de New Haven. Une famille était en jeu. C'est tout naturellement qu'il s'était levé lorsque le juge avait demandé si quelqu'un se porterait garant d'Alfred Downes. Tant pis si tous les regards des curieux se tournaient vers ce jeune prêtre habillé d'une longue soutane noire. McGivney n'était pas un révolutionnaire qui cherchait le changement pour le changement. Bien au contraire. Mais c'était tout de même un homme d'action doué d'un infatigable sens de la compassion et d'un esprit pragmatique.

Le père McGivney n'avait pas 1 500 $ pour la caution, mais il avait la confiance d'un épicier à la retraite nommé Patrick McKiernan. Avec l'approbation du juge, McKiernan ferait office de caution en garantissant qu'il s'acquitterait de la « somme pénale » de 1 500 $ si le père McGivney n'honorait pas ses obligations de tuteur. On signa une garantie à cet effet. Alfred avait un tuteur qui croyait en son avenir, comme auparavant son défunt père.

Le père McGivney quitta le tribunal, satisfait du dénouement de l'affaire Downes, sans pour autant oublier le fait que le problème perdurait dans la région et à travers le pays. Il avait déjà passé sa jeune vie à ressasser la colère et la frustration de voir le malheur peser sur les familles privées de leurs sources de revenus. La sienne, des années plus tôt, avait connu ce genre de situation. Dans l'après-midi du 6 février, il était plus que jamais déterminé à faire en sorte que ce qui était arrivé aux Downes ne frappe plus jamais d'autres familles.

Alors qu'il rentrait chez lui en traversant le Green, évitant comme chacun les congères, il se préparait mentalement à la réunion cruciale qui allait se tenir ce soir-là à Sainte-Marie, et qui viserait à renforcer le sens de la famille chez les laïcs de l'Église catholique. S'il parvenait à convaincre les hommes qui y étaient conviés, cette rencontre pourrait représenter un véritable tournant. Tous étaient catholiques et la plupart étaient des hommes d'action, ambitieux et désireux de réussir. S'ils n'étaient pas encore riches, ils aimaient à rappeler qu'ils s'y employaient. Tous étaient travailleurs, c'est-à-dire qu'ils savaient faire avancer les choses comme ils l'entendaient. Bien sûr, cela signifiait aussi qu'ils pouvaient objecter un non à McGivney, pour un ensemble de raisons ou, plus embarrassant encore, se contenter d'un « peut-être ». L'abbé McGivney en était conscient. Mais c'était surtout le sentiment d'incertitude de la séance de l'après-midi au tribunal des successions qui le confirmait dans son intuition d'agir au profit des hommes.

Il se disait que les hommes, en particulier les maris et les pères, pouvaient recevoir les forces particulières du catholicisme et les faire grandir en eux tout au long de leur vie. Et plus largement, les veuves qui devaient tenir une maison et assurer à leurs enfants l'avenir que leur père avait imaginé pour eux. Michael McGivney les comprenait tous : pères, mères, enfants, cette trinité du quotidien que la modernité fragilisait bien plus que ce que l'on imaginait.

CHAPITRE 2

UN ENFANT AMÉRICAIN

Michael McGivney grandit à Waterbury, dans le Connecticut, à quelque quarante kilomètres au nord-ouest de New Haven, le long de la rivière Naugatuck. Au moment de sa naissance en 1852, Waterbury, avec ses énormes forges, était déjà connue comme la « ville du laiton », et se ferait bientôt surnommer la ville « la plus catholique d'Amérique ».

Le Connecticut, foyer d'inventeurs et d'industriels, a imposé son rythme à l'industrialisation américaine au milieu du XIXe siècle. Dans les villes en plein essor du sud-ouest de l'État, des emplois se créaient par milliers. Il n'en fallait pas plus pour attirer les immigrés, dont beaucoup étaient catholiques. L'industrie de Waterbury et sa paroisse en pleine croissance avaient décidé le père de Michael, Patrick McGivney, à s'y installer après être arrivé en Amérique à l'âge de vingt-quatre ans en 1849, en même temps que ses nombreux compatriotes chassés d'Irlande par la famine et la misère.

Mary Lynch faisait partie de cette même vague de 1849, et comme Patrick, elle était du comté de Cavan, dans le centre de l'Irlande. Ils étaient néanmoins tous deux originaires de villes différentes et il n'existe pas de raison de penser qu'ils se soient connus avant de s'installer à Waterbury. Mary n'avait que quinze ans à son arrivée, soit neuf de moins que Patrick. Pourtant, un an plus tard, à seize ans, elle l'épousa en l'église Saint-Pierre de Waterbury. Les deux familles avaient connu une relative prospérité en Irlande. Chacun des convives pouvait se vanter d'avoir eu de beaux domaines au pays ou des parents détenteurs d'une charge importante dans l'Église d'Irlande. Mais en Amérique, ce n'étaient que des mots. Patrick et Mary durent ainsi repartir de rien. La famine les avait chassés d'Irlande – ils pouvaient déjà être heureux d'être encore en vie.

En arrivant en Amérique, Patrick McGivney se mit immédiatement en quête d'emploi. La plupart de ses compatriotes avaient choisi un travail non qualifié. McGivney, lui, apprit rapidement la fonderie : il concevait les moules dans lesquels on versait le métal fondu pour fabriquer des pièces de machinerie et divers objets. C'était un bon travail qui exigeait concentration et finesse, sans pour autant vous vider de toute force. Les mouleurs étaient bien payés, assez pour nourrir leur famille et vivre dans une jolie maison. On ne pouvait pas en dire autant des journaliers, qui s'épuisaient à creuser la terre ou à manutentionner des marchandises et ne pouvaient pas s'extraire de leur condition précaire. La seule chose qui manquait aux mouleurs dans leurs fonderies était de l'air pur et frais.

En 1852, Patrick McGivney travaillait pour un certain Merrit Nichols, un entrepreneur qui avait non seulement une usine de cuivre mais également des maisons qu'il louait à un prix abordable. Les McGivney lui louèrent ainsi un cottage sur la rive ouest de la Naugatuck, dans une zone alors très peu développée. Ils y vécurent heureux. Pour rejoindre la fonderie, Patrick traversait la voie ferrée qui longeait la rive, puis un pont métallique au-dessus de la rivière, jusqu'à Waterbury même. Sans doute attendait-il avec impatience de rentrer chez lui le soir. Quarante-huit ans plus tard, un journaliste écrivait à propos du lieu de vie des McGivney :

> À l'époque, c'était un endroit charmant, et les quelques Irlandais qui vivaient alors [à Waterbury] considéraient comme un plaisir rare le fait de s'inviter chez M. McGivney et sa femme pour passer un après-midi en leur compagnie, à l'ombre des bosquets touffus qui entouraient le cottage, où seuls le chant de la rivière, les trilles des oiseaux sauvages et, de temps à autre, le cri strident d'une locomotive venaient briser le silence de ce havre champêtre.

Le 12 août 1852, deux ans après leur mariage, Mary donna naissance à leur premier enfant, Michael Joseph, dans cette maison en bordure de rivière. Michael J. McGivney fut baptisé le 19 août par le père Michael O'Neile, un prêtre robuste qui avait installé le catholicisme à Waterbury quelques années plus tôt.

Peu de temps après sa propre arrivée d'Irlande, le père O'Neile avait été nommé curé de la vallée de la Naugatuck par l'évêque du diocèse d'Hartford, Bernard O'Reilly (un autre Irlandais). Il avait déjà tenté sans succès de créer une paroisse à Derby. En 1847, il emménagea chez des amis à Waterbury et parvint à ouvrir l'église Saint-Pierre dans un bâtiment qu'il avait racheté pour 550 $ à la paroisse épiscopalienne locale. La seule condition était que la structure soit déplacée de son emplacement d'origine. Cela n'allait pas arrêter Michael O'Neile et ses amis, qui ne désiraient rien tant que disposer de leur propre lieu de culte. Au total, en comptant le déménagement et le « coût du sol », comme disait le père O'Neile, Saint-Pierre revint à 2290 $. Grâce à l'énergie d'O'Neile et à la rapide croissance de sa paroisse, la dette fut remboursée le 1er septembre 1852, quelques semaines seulement après la naissance de Michael Joseph McGivney.

Celle-ci coïncidait parfaitement avec la fin de l'ère des pionniers catholiques américains, où seules les grandes villes comme Boston, Hartford, New York ou Baltimore proposaient des offices réguliers; et la jeunesse de McGivney correspond à une période de forte croissance de l'Église aux États-Unis.

Croissance, c'est-à-dire fébrilité et changements successifs portés par un travail acharné, trop acharné peut-être. Quarante années durant, alors que d'importantes populations quittaient l'Europe catholique, mais également le Canada et le Mexique, pour les États-Unis, les prêtres ne furent jamais assez nombreux pour assumer pleinement les responsabilités qui leur incombaient. Les sacrements étaient une chose. Mais les nouveaux arrivants requéraient souvent l'aide du curé local pour des problèmes qui dépassaient largement la sphère spirituelle, particulièrement en ce qui concernait le mode de vie américain si déroutant pour eux. Ceux qui entraient dans la voie du sacerdoce durant ces années difficiles étaient d'un genre bien particulier: s'ils avaient été médecins, ils se seraient jetés au cœur d'une épidémie; s'ils avaient été soldats, ils se seraient portés volontaires pour être en première ligne. Le père O'Neile était de cette trempe, comme il le montra lors de la création de la communauté catholique de Waterbury. Et cette communauté constituait tout l'univers de Michael McGivney. Il ne connaîtrait d'autre environnement qu'une fois devenu un jeune homme.

Michael grandit dans la sécurité d'une famille unie, comme structure nucléaire d'une part, et avec la communauté élargie des McGivney et des Lynch dans la région de Waterbury d'autre part. Patrick et Mary McGivney eurent douze enfants[1], dont sept survécurent à la petite enfance et grandirent avec Michael.

Pour Patrick McGivney, la vie dans leur cottage était idéale. Le père Joseph Daley, qui les connut plus tard, décrivait ainsi Patrick : « un solide mouleur de métier et, à ses heures perdues, une sorte d'agriculteur ». Le long de la rive de la Naugatuck, il y avait toujours de la place pour plus de jardins et plus d'enfants.

Mary McGivney, pour sa part, s'investissait pleinement dans l'éducation de sa famille. Ce n'était pas chose aisée à Waterbury au milieu des années 1850. La ville ne comptait qu'une seule école publique, et aucune qui soit proche de la communauté irlandaise, au propre comme au figuré. Pour les catholiques et les non protestants, les écoles publiques du milieu du XIXe siècle tenaient une position d'alliance entre l'Église et l'État qui pouvait gêner. Les manuels scolaires prodiguaient généralement un enseignement protestant qui souvent n'hésitait pas à dénigrer les autres croyances. Perspective peu attrayante pour des familles comme les McGivney, mais à Waterbury comme ailleurs, on n'avait pas le choix en la matière.

L'admission à l'école publique de Waterbury se faisait normalement à l'âge de six ans. Mary McGivney n'était pas sûre de ce qui se passerait lorsque son aîné Michael atteindrait cet âge en 1858 ; mais elle ne voyait aucune raison pour que lui et ses frères et sœurs attendent, et elle commença à les instruire dès qu'ils furent assez grands pour ouvrir un livre et tenir un morceau de craie. Ils finiraient toutefois par avoir besoin d'une école, comme c'était déjà le cas pour des centaines d'autres familles immigrées de Waterbury.

En 1853, alors que Michael McGivney encore bébé, dormait à côté de ses parents pendant la messe à Saint-Pierre, Monseigneur O'Reilly se rendit en Irlande à la recherche de nouveaux prêtres disposés à servir dans le sud de la Nouvelle-Angleterre. À l'époque, le diocèse

1 On donne souvent le nombre de treize enfants, mais d'après les recherches du père Arthur J. Riley au début des années 1950, les registres municipaux et paroissiaux n'en comptent que douze

d'O'Reilly, Hartford, comprenait tout le Connecticut, Rhode Island et une petite partie du sud-est du Massachusetts. Mais il ne comptait aucun séminaire. Il n'y en avait qu'une poignée alors aux États-Unis, et il n'en sortait guère qu'un petit nombre de prêtres chaque année. Au temps des pionniers, les prêtres catholiques venaient généralement de France, mais dans les années 1850, ils étaient majoritairement irlandais.

Concrètement, on les appréciait parce qu'ils parlaient anglais et pouvaient ainsi s'adresser facilement au plus grand nombre. Qui plus est, leur parcours forçait l'admiration. L'examen d'entrée au plus prestigieux séminaire d'Irlande, Saint-Patrick, à Maynooth, était rigoureux. Le niveau de l'enseignement y était comparable à celui du Trinity College de Dublin, lui-même d'un niveau comparable à Oxford ou Cambridge. Les prêtres irlandais étaient non seulement bien formés, mais encore disponibles. Entre 1845 et 1854, près d'un million d'Irlandais moururent de faim tandis qu'un million et demi d'autres émigraient, la plupart vers les États-Unis. En perdant près d'un tiers de sa population, l'île se retrouvait avec un surplus de prêtres.

La domination irlandaise dans l'Église catholique américaine crût mécaniquement au long du XIXe siècle, les prêtres irlandais étant naturellement enclins à recruter plus de compatriotes. De 1850 à 1870, la population de prêtres en Amérique n'augmenta guère qu'avec l'arrivée de navires en provenance d'Irlande.

C'est ce besoin constant de nouveaux prêtres qui convainquit Mgr O'Reilly de s'y rendre en 1853. Là, il se rapprocha de Maynooth, où il rencontra Thomas Hendricken, une véritable boule d'énergie animée d'une foi inébranlable. Hendricken allait devenir une figure très influente dans la vie de Michael McGivney, cruciale dans sa perception de l'Église comme instrument de Jésus-Christ.

Originaire de Kilkenny, dans l'est de l'Irlande, Thomas Hendricken était à moitié allemand. À vingt-six ans, il venait de terminer son cursus à Maynooth et d'y obtenir son diplôme. Mais il tournait en rond dans l'attente de son ordination. Il voulait un défi à relever, avoir l'occasion de créer quelque chose de grand et de durable. Beaucoup de ceux qui fuyaient les difficiles conditions de vie en Irlande étaient animés par les mêmes envies. Au moment où Mgr O'Reilly arriva à Maynooth, Hendricken caressait l'idée de rejoindre une mission en Extrême-Orient. O'Reilly, pour sa part, envisageait sa mission de recrutement avec un inhabituel niveau d'exigence. Malgré le besoin de curés aux États-Unis, il ne voulait pas choisir n'importe qui. Un prérequis particulièrement important était l'état de santé des recrues. Les prêtres américains devaient encaisser un stress permanent et risquaient le surmenage, en plus de devoir fréquemment visiter des quartiers frappés par la maladie. Loin d'être des figures diaphanes dans leur tour d'ivoire, ils se devaient d'être des rocs tout à la disposition des paroissiens, sept jours sur sept.

Au premier contact, l'intelligence d'Hendricken était tout de suite perceptible : il avait les traits doux et une paire de lunettes sur un long nez courbé. Personne, par contre, ne l'aurait qualifié de robuste. Il était même sujet à des crises d'asthme. Pour lui, cela ne changeait rien. Mgr O'Reilly reconnut en Hendricken un homme qui non seulement semblait à la hauteur des défis à venir, et qui semblait presque même en avoir besoin. Il ne fut pas difficile de le convaincre que Dieu n'avait pas moins à lui faire faire dans le Connecticut qu'aux confins de la Chine. Avant même d'embarquer pour l'Amérique, Hendricken fut ordonné prêtre par O'Reilly pour le diocèse d'Hartford.

La traversée de 1853 du père Hendricken vers l'Amérique allait devenir légendaire en Nouvelle-Angleterre. Alors que le tout jeune prêtre voyageait en classe cabine sur l'un des ponts supérieurs, une maladie contagieuse se répandit dans l'entrepont, laissant les passagers à l'article de la mort. Le père Hendricken sentit qu'il était de son devoir de se rendre auprès d'eux, quitte à désobéir au capitaine, qui avait explicitement interdit tout contact entre les deux classes.

Sur les paquebots transatlantiques, certaines familles de dix ou douze membres faisaient parfois la traversée dans des quartiers de l'entrepont si étroits qu'ils dormaient quasiment tous debout. Les maladies n'avaient aucune difficulté à se propager dans ces espaces insalubres. C'est là pourtant que se rendit le père Hendricken, en dépit des ordres du capitaine.

Peut-être mettait-il trop de zèle à vouloir sauver des âmes – il était après tout nouvellement ordonné – toujours est-il qu'il en sauva. Son altruisme fut cependant récompensé de manière inattendue : à peine remonté de l'entrepont, il fut arrêté et enfermé dans sa cabine.

On raconta bientôt que le capitaine, furieux, avait l'intention de mettre le prêtre dans un sac et de le jeter par-dessus bord. Beaucoup de personnes à bord s'imaginaient que c'était par anticatholicisme. En réalité, le capitaine, en avance sur la médecine de son temps, avait préféré mettre Hendricken en quarantaine, le prêtre s'étant exposé aux germes (un mot qu'on ne connaissait pas encore en 1853). Toujours est-il que le père Hendricken passa le reste de son long voyage dans l'angoisse, persuadé qu'il pouvait à tout moment se retrouver noué dans un sac et noyé. Ce genre de chose arrive aux meilleurs. Lorsque le navire atteignit enfin New York, le jeune prêtre était toujours en vie. Plus tard, il raconterait que la magnanimité du capitaine avait été l'œuvre de la Providence.

En 1855, l'année des trois ans de Michael McGivney, Hendricken fut chargé de reprendre l'église Saint-Pierre de Waterbury. Il y passerait les dix-sept années suivantes. Hendricken fut le premier curé que McGivney connut vraiment, et le seul véritable pasteur à ses yeux jusqu'à son départ de Waterbury.

Dès son arrivée, Hendricken se rendit compte que son évêque, lorsqu'ils étaient à Maynooth, avait raison : la situation des catholiques en Amérique était aussi préoccupante qu'ailleurs dans le monde. Alors qu'il prenait ses marques à Waterbury, il prit toute la mesure du manque, notamment lorsqu'il réalisa qu'il était incapable de voir tous ses paroissiens. À la messe du dimanche, non seulement tous les bancs étaient occupés, mais la foule des fidèles débordait à l'extérieur, jusqu'à occuper une partie de la chaussée. Bravant le froid, ils priaient avec le père Hendricken, n'hésitant pas à s'agenouiller dans la boue. Sans doute a-t-il, par compassion, accéléré sa prière les mois d'hiver !

Sous la direction du père Hendricken, la paroisse planifia rapidement l'édification d'une plus grande église. Au cours de l'été 1857, sa première pierre fut posée au cours d'une grande cérémonie. Sous le regard de Mgr O'Reilly, deux cents enfants du catéchisme firent procession devant le nouveau site. Michael McGivney, qui fêterait son cinquième anniversaire un mois plus tard, en fut sans doute l'un d'entre eux. La consécration de la nouvelle église, qui prit le nom d'Immaculée-Conception, fut un événement douloureux pour le jeune Michael et pour les paroissiens, non pas en tant que telle, mais parce qu'elle signifiait nécessairement à leurs yeux la fermeture de Saint-Pierre.

Mais le père Hendricken n'en avait pas fini avec la vieille église. Il y créa immédiatement une école primaire au sous-sol, comptant sur les fidèles les plus instruits de sa paroisse pour y enseigner. Parfois, le plus cultivé de tous, le père Hendricken lui-même, prenait le relais. Si l'aspect religieux était présent à certains moments clés de la journée, Hendricken ne voulait pas en faire une école paroissiale au sens strict. Elle se fit d'ailleurs plutôt connaître sous le nom d'East Main Street plutôt que sous celui de Saint-Pierre. En 1860, la municipalité fut si impressionnée par cette petite institution qu'elle souhaita la reprendre, permettant à la population locale, majoritairement catholique, de bénéficier de la gratuité de l'école. C'était un acte d'une exceptionnelle tolérance pour l'époque. L'école pour tous, c'était précisément le projet que le père Hendricken avait toujours eu en tête. En attendant que l'Immaculée-Conception puisse pleinement gérer son propre système scolaire, il voulait s'assurer que tous ses enfants aient accès à la meilleure instruction possible. Avant de passer le flambeau, le rusé Hendricken avait même obtenu de la ville qu'elle paie un loyer à la paroisse pour l'usage du bâtiment.

Le père Hendricken marqua durablement Waterbury en tant que chef de la communauté catholique. « Seuls ceux qui connaissaient intimement [Hendricken] connaissaient la noblesse du personnage, écrivait un de ses collègues. Il n'y avait pas plus accessible. Il recevait les riches comme les pauvres avec une amabilité et une grâce qui ne laissait de place ni à l'effronterie, ni à la servilité. Il ne disait jamais non quand il pouvait dire oui. Mais quand les circonstances l'exigeaient, il savait prendre des décisions rapides avec une force de caractère inégalée. » Pour McGivney comme pour les autres, le père Hendricken était l'incarnation de la stabilité, de l'intelligence et de l'estime de soi, des qualités somme toute assez rares parmi les catholiques d'origine irlandaise de cette période troublée.

En 1859, à l'âge de six ans, Michael McGivney passa l'examen d'entrée à l'école d'East Main Street. Au grand étonnement des enseignants, il y obtint de tels résultats qu'on lui fit sauter les deux premières années. Placé en troisième année, il faisait la joie de ses professeurs, d'après un article de 1901 fondé sur le témoignage de plusieurs de ses camarades de classe : « Le directeur, Thomas Meagher, était charmé par les manières du garçon, et depuis sa première rentrée des classes jusqu'à la fin de sa scolarité, il se fit toujours remarquer tant pour son comportement exemplaire que pour ses capacités scolaires. »

Entre sa scolarité dans le sous-sol de Saint-Pierre et la messe et les offices à l'Immaculée-Conception tout au long de la semaine, Michael McGivney grandit pratiquement dans l'église. Après ses parents, l'adulte qui comptait le plus dans sa vie était son curé. Peut-être même celui-ci était-il plus influent encore dans le cas du jeune McGivney. Vers l'âge de douze ans, le garçon exprima le souhait sincère de cheminer vers le sacerdoce. Son père était catégoriquement contre.

Patrick McGivney était certes un pieux catholique, mais il doutait que le sacerdoce soit ce qu'il fallait pour son fils aîné. Peut-être se disait-il que Michael était encore trop jeune pour prendre de telles décisions quant à son avenir. En tout cas, comme le rapporta le père Daley, Patrick « se refusait à encourager son fils dans un tel choix, et, lorsqu'il fut sollicité en temps voulu, il refusa tout bonnement de lui accorder sa bénédiction. »

Les écoliers de Waterbury achevaient généralement leur cursus à l'âge de seize ans. Michael McGivney, lui, se montra si brillant qu'il en avait seulement treize en quittant East Main Street. Sa famille ne cessant de s'agrandir, l'argent se faisait plus rare à la maison. Michael ne resta pas sans rien faire et, pour soutenir son père, se trouva un emploi à l'usine de fabrication de cuillères tenue par l'entreprise locale Holmes, Booth and Haydens. Pour l'heure, il conservait en son cœur son désir de prêtrise.

CHAPITRE 3

Le sacerdoce

Comment un enfant de douze ou treize ans pouvait-il être aussi sûr de sa vocation de prêtre ?

Devenu majeur pendant la guerre de Sécession, Michael McGivney aurait aussi bien pu vouloir embrasser la carrière des armes. Ou bien rêver de partir à la conquête de l'Ouest. À l'est du Mississippi, des hommes de tous horizons s'y étaient lancés, et nombre d'entre eux en étaient revenus avec de telles fortunes que cette tentation de partir était très présente dans les villes industrielles comme Waterbury.

Dans le sud de la Nouvelle-Angleterre, tout jeune garçon connaissait aussi l'appel de l'océan, ne serait-ce que comme une occasion de voyager quelques années. De même, la richesse et l'agitation de grandes villes comme Boston au nord et New York au sud présentaient un vif attrait. Un brillant jeune homme comme McGivney pouvait même envisager un parcours universitaire pour devenir diplomate, médecin ou avocat, comme un certain nombre d'autres Américains de première génération. Il aurait sans doute réussi.

Mais l'adolescent ne rêvait ni de faire fortune ni même de voir du pays. Il restait sur le cap qu'il s'était déjà fixé : vivre toute sa vie en disciple du Christ. D'après l'évangile de Jean, celui qui aime vraiment le Christ reçoit son amitié, mais il est demandé aux prêtres de donner plus, et donc de recevoir plus.

Le cardinal James Gibbons, archevêque de Baltimore de 1877 jusqu'à sa mort en 1921, n'avait que dix-huit ans de plus que McGivney et son expérience préfigurait la sienne à plusieurs égards. Lui aussi était issu de la classe moyenne irlandaise, et lui aussi avait su dès l'adolescence qu'il serait prêtre. Mais contrairement à Michael

McGivney, il avait failli emprunter une tout autre voie, une voie attirante elle aussi, qui lui avait été presque imposée.

Gibbons était né à Baltimore de parents irlandais, mais toute la famille était retournée en Irlande lorsque la santé de son père s'était détériorée. À la mort de celui-ci, sa mère avait décidé de retourner en Amérique, embarquant sa famille sur un navire à destination de Baltimore. Ce bateau n'arriva jamais à bon port, coulant quelque part au large des Bahamas. Les Gibbons figuraient parmi les rares rescapés et se retrouvèrent à la Nouvelle-Orléans. Doté d'un esprit vif et d'une personnalité rieuse et énergique, James Gibbons ne tarda pas à faire carrière dans la vente de produits alimentaires en gros. À dix-neuf ans, il était le protégé d'un riche mentor et un brillant avenir lui était tout tracé. À ce moment-là, pourtant, en dépit de mille promesses de son patron, Gibbons décida de démissionner et d'entrer au séminaire.

Gibbons ne cessa jamais de rappeler le privilège que représentait pour lui le sacerdoce au moment où il décida d'entrer dans l'Église. Le prêtre, écrivait-il, « représente non seulement le Christ, mais le *personnifie* et devient identique à lui dans ses fonctions ministérielles, dans la mesure où deux personnalités peuvent être considérées comme identiques. Le prêtre agit non seulement avec le Christ, sous l'autorité du Christ, au nom du Christ, mais ses actes officiels sont les actes du Christ. Ses paroles sont l'écho de la voix du Christ. »

Mais, comme le jeune McGivney lui-même pouvait clairement le constater, le prêtre était également celui qui partageait le sacrifice du Christ et une partie de ses souffrances. Cet aspect de la communion spéciale avec le Christ prenait diverses formes, mais un prêtre pouvait se réjouir de ce qu'à chaque acte de dévotion, à chaque sacrifice, surtout aux plus pénibles, c'était une partie de son fardeau qui était ôtée au Christ. Il le ressentait à chaque fois qu'il célébrait la messe, puis tout au long de la journée, dans les incessantes tournées des malades, l'aide aux personnes en difficulté, tandis qu'il s'évertuait à ne pas céder sous le poids de son lourd fardeau.

Comparant les martyrs aux prêtres, saint Jean Chrysostome (v. 347-407) faisait remarquer que les premiers « ne sont morts qu'une fois pour Jésus-Christ ; le pasteur des âmes meurt tous les jours pour son troupeau ». À chaque fois, la vie du prêtre se confond avec celle de son Sauveur, dont la vie fut sans doute la plus difficile qu'il ait jamais été donné de vivre.

Comme le savait le jeune Michael McGivney, une autre composante de la vie sacerdotale était le célibat. Celui-ci a été largement considéré comme l'aspect le plus visible du sacrifice des prêtres, et plus encore récemment. Au milieu du XIXe siècle, cependant, l'accent n'était pas tellement mis sur le fait que le prêtre ne pouvait pas se marier, ni, par conséquent, jouir d'une vie sexuelle avec une femme. On s'intéressait plutôt alors aux conséquences plus larges du vœu, au défi qu'il représentait pour le prêtre de cultiver ses émotions de manière à rester pur de passions, d'humeurs, de tentations et de vices de toute nature. « Il fait un vœu de chasteté non pas conjugale, mais virginale, écrivait le cardinal Gibbons. Il doit être pur non seulement dans son corps, mais encore dans son esprit, dans son cœur et dans son affection. »

Si certains, dans la population, considéraient une telle pureté chez un homme comme « contre nature », les membres de l'Église étaient étonnamment disposés à se ranger derrière cet avis. La vie sacerdotale n'était pas naturelle, sauf pour ceux qui y étaient appelés. Elle était, pour eux, surnaturelle. Ce n'était en aucun cas un travail comme les autres : le sacerdoce était plutôt un état, un statut situé quelque part entre la terre et le ciel. Et plus un prêtre mettait du cœur à son service, aux sacrifices attendus de lui, à l'imitation constante du Christ, plus il se familiarisait avec le ciel, même pendant son temps sur terre. C'était une perspective grisante pour un jeune croyant comme McGivney.

Dans sa première épître aux Corinthiens, saint Paul appelait les prêtres des « intendants des mystères de Dieu » (4, 1). D'autres croyants catholiques se réjouissaient peut-être du lien entre Dieu et l'homme, mais les prêtres *occupaient* ce lien. Pour certains d'entre eux, après des décennies de sacerdoce, leur lieu de travail n'était pas sans rappeler l'échelle décrite par Jacob dans son rêve, que les anges utilisaient pour faire passer les messages entre l'homme et le Seigneur. Mais plus généralement, ce lien était perçu de façon moins littérale.

Jacques Millet, un autre prêtre du milieu du XIXe siècle, se voyait incapable de décrire le rôle du prêtre en termes exacts – et c'est précisément ce qui l'inspirait le plus. « À l'autel, pendant la sainte messe, écrivait-il, c'est Jésus-Christ qui offre les dons, qui change le pain et le vin en son corps et en son sang, qui immole la victime. (...) Comme Jésus-Christ et l'Église, suivant la pensée de saint Augustin, ne font pas deux Christs, mais un seul Christ (...) ; de même le Prêtre éternel et les prêtres temporels ne sont pas plusieurs prêtres, mais un seul prêtre. L'homme disparaît dans cet auguste mystère ; son *moi* est converti en celui de l'Homme-Dieu, qui lui fait dire au moment de la consécration : *Hoc est corpus meum.* »

En plus d'avoir la responsabilité exclusive de présider au sacrifice de la messe, les prêtres étaient aussi en mesure d'absoudre le péché. Nul ne le pouvait sans être une sorte d'extension de Dieu, et nul autre qu'un prêtre n'était autorisé à agir à sa place.

Pour un catholique au cœur pur, de telles capacités vous rendaient plus puissant que quiconque, plus qu'aucun président. Et si certains enfants de Waterbury ne le voyaient pas vraiment ainsi, c'était une réalité aux yeux de Michael McGivney. Et quand bien même l'ambition mondaine était interdite au prêtre, le jeune homme qui envisageait la prêtrise savait bien qu'il serait, après son ordination, une vraie force dans sa communauté, une force capable de survivre à sa propre existence terrestre.

Le père Millet fit encore cette observation, qui présageait la vie de Michael McGivney : « Toutes les institutions religieuses, toutes les associations morales, philanthropiques, que le prêtre n'a pas touchées, animées de son souffle, languissent, se dessèchent et meurent. (...) C'est Jésus-Christ qui vit, qui agit dans le prêtre : voilà pourquoi il a le pouvoir de réformer, de perfectionner non seulement les individus, mais encore les nations ; il possède éminemment la puissance civilisatrice. »

L'attrait principal du sacerdoce pour un garçon aussi profondément croyant que Michael McGivney, fut peut-être la perspective de se joindre intimement à la Sainte Famille et d'étendre son rayonnement sur terre. Mais vivre autant que possible en véritable frère du Christ signifiait aussi assumer la direction morale d'une communauté humaine, très humaine, composée de croyants et de sceptiques, et, ce qui était sans doute le plus important, d'hésitants. Dans les années

1880, Old Wolf, chef cheyenne du Montana, racontait l'histoire suivante :

> Au pays des Cheyennes, il y a une montagne plus haute que tous les sommets qui l'entourent. Tous les Cheyennes connaissent cette montagne ; nos ancêtres la connaissaient déjà. Quand nous étions enfants, nous courions partout où nous voulions. Nous n'avions jamais peur de nous perdre tant que nous pouvions voir cette montagne, car elle nous ramènerait à la maison. Plus tard, nous avons suivi le buffle et le wapiti ; peu nous importait où nous emmenait le cerf que nous pourchassions, tant que la montagne était en vue ; car nous savions qu'elle était toujours un guide sûr, et que jamais elle n'avait manqué à son devoir. Devenus des hommes, nous avons combattu les Sioux, les Crows, les hommes blancs. Nous avons poursuivi l'ennemi, en dépit de la raideur du chemin qui montait et descendait. Nos cœurs ne tremblaient pas à cause de la route ; aussi longtemps que nous pouvions voir la montagne, nous étions sûrs de retrouver notre maison. Quand nous étions au loin, nos cœurs bondissaient de joie en la voyant, car elle nous disait que notre maison approchait.
>
> Pendant l'hiver, la neige recouvrait la terre d'un manteau blanc ; nous ne pouvions plus la distinguer des autres montagnes autrement que par sa taille, qui nous disait qu'elle était *la* montagne. Parfois, des nuages sombres se rassemblaient au-dessus d'elle et cachaient son sommet à notre vue, et lançaient des flèches enflammées qui perçaient ses flancs. Le tonnerre la secouait de haut en bas, mais la tempête s'en allait, et la montagne demeurait, éternelle.
>
> Cette montagne, c'est la Robe noire. Son cœur est ferme comme un roc. Il ne change pas. Il nous dit des paroles de vérité. Nous sommes toujours sûrs de notre chemin lorsque nous nous tournons vers lui pour qu'il nous guide. Il est la montagne qui nous conduit vers Dieu.

C'est pour rester aussi ferme que la montagne d'Old Wolf que le curé prononçait de tels vœux et consentait de tels sacrifices. En chassant toute turbulence de son propre cœur, il pouvait être fiable et fort.

C'était un idéal, et dans l'Amérique du XIXe siècle, l'idéal de la vie sacerdotale était plus fort que jamais. La haute estime dans laquelle on tenait le prêtre, « figure sacrée et à part », n'était pas à mettre sur le compte de la naïveté des ouailles. Les nombreux hommes énergiques attirés par le sacerdoce croyaient fermement dans cet idéal, le protégeant en acte et pas seulement en paroles. Un historien qui écrivait en 1912 à propos du développement du clergé américain à la fin du XIXe faisait valoir que « le caractère des prêtres était façonné par les relations quotidiennes avec leurs semblables et les évêques qui se sacrifiaient au quotidien dans un véritable esprit pionnier. »

Dans les communautés catholiques, en particulier immigrées, le prêtre était considéré comme la figure d'autorité ultime. Fils aîné d'une grande famille, Michael McGivney était bien équipé pour remplir ce rôle. C'était un chef naturel, non pas à la manière extravertie et bouillante d'un James Gibbons, mais dans un style qui lui était propre, plus discret dans le soutien qu'il apportait. Il espérait bien devenir « Père » pour son entourage catholique. Encore fallait-il y parvenir et travailler jusqu'à l'ordination, ce qui était loin d'être réglé. Le niveau d'exigence scolaire pour le sacerdoce était alors extrêmement exigeant. Le cursus du séminariste durait six ans, durant lesquels on étudiait la philosophie et la théologie. Pour la durée et la difficulté des études, devenir un prêtre catholique était aussi difficile que devenir médecin.

Mais même alors, de nombreux prêtres plus âgés voulaient que les séminaires ajoutent une année d'études et augmentent la difficulté des cours. Aussi urgent que pouvait être le besoin de nouveaux prêtres, l'idée dominante était qu'il valait mieux perdre un petit nombre de candidats peu qualifiés que d'en accepter un seul non qualifié.

Dans les décennies suivant les années 1840, l'Église catholique aux États-Unis était sur la défensive : l'anticatholicisme avait atteint un tel niveau de virulence que le pays n'était pas loin d'une guerre religieuse pure et simple. Avec l'intensification de l'immigration, un mouvement « nativiste »[2] se forma autour de préjugés contre les catholiques, notamment de l'idée selon laquelle le pape exigeait d'eux qu'ils lui soient plus loyaux qu'au président. Des émeutes anticatholiques éclatèrent, comme à Philadelphie en 1844, où elles durèrent trois jours. Les prêtres de paroisse étaient particulièrement détestés des membres fanatiques du parti Know Nothing et de leurs nombreux sympathisants non affiliés. En effet, cette société américaine mal initiée aux codes du catholicisme, n'appréciait guère la part de mystère qu'ils pouvaient dégager. Le Know Nothing était un ensemble de sociétés secrètes qui avaient fait leur apparition dans le nord-est du pays, dans les années 1850, et qui encourageaient le nativisme et luttaient contre l'immigration, en particulier celle des catholiques romains. Lorsque les dirigeants d'autres formations politiques s'étaient intéressés à ces sociétés en vue d'obtenir le vote de leurs membres, ils avaient invariablement reçu la même réponse : les membres en question prétendaient « ne rien savoir » (*know nothing*). Cependant, le Know Nothing gagnait en influence, provoquant des attaques sporadiques contre les catholiques à travers le pays. Mgr O'Reilly, l'évêque d'Hartford, était fréquemment moqué et surnommé « Paddy le prêtre[3] » par les enfants de sympathisants du Know Nothing.

En 1855, le mouvement anticatholique se dévoila et s'institutionnalisa avec le lancement du Parti américain, qui nomma l'ancien président Millard Fillmore à sa tête en 1856. Jouissant immédiatement d'une grande influence, le parti s'étendit dans le Sud, où le nativisme avait le vent en poupe. Le Sud paraissait un territoire d'avenir, mais il se révéla être la perte du Parti américain. Les militants Know Nothing du Sud insistaient pour que la défense de l'esclavage soit inscrite au programme officiel ; les habitants du Nord, même les plus fanatiques, refusèrent catégoriquement et le parti s'effondra. Les haines qu'il avait semées, cependant, lui survécurent.

2 NdE : Le nativisme est un courant idéologique qui vise à préserver et favoriser les premières populations originelles habitants les pays (dans le cas des États-Unis, il s'agit des colons et descendants de colons), en s'op- posant en particulier aux apports démographiques issus de l'immigration.

3 « Paddy », diminutif de Patrick, prénom très répandu en Irlande, est une manière informelle de désigner les Irlandais. Aux États-Unis, il a souvent pris un caractère péjoratif.

Les évêques et les dirigeants catholiques étaient parfaitement conscients du fait que les prêtres, malgré le semblant de paix qui suivit la chute du Know Nothing, restaient étroitement surveillés. L'Église ne pouvait se permettre le moindre comportement belliqueux ou ignorant, et a fortiori le moindre scandale susceptible d'alimenter les préjugés qui, invisibles au premier regard, étaient toujours bien ancrés. Comme pour tout groupe qui lutte pour se faire une place dans un nouveau pays, les catholiques de la seconde moitié du XIXe siècle devaient être irréprochables, et leurs prêtres, en particulier, devaient être parfaits.

Ce qu'ils n'étaient pas, bien sûr! Mais ils se dévouèrent humblement, sans souiller l'idéal. Les évêques qui sélectionnaient les étudiants désireux d'entrer au séminaire, puis les diplômés qui souhaitaient accéder l'ordination, ne toléraient pas le plus léger défaut de caractère qu'ils étaient en mesure de détecter. En plus des évaluations finales, les candidats au sacerdoce étaient soumis à un examen de personnalité long et attentif pour déterminer qui ils étaient et comment ils allaient exercer leur sacerdoce.

En conséquence, tout curé jouait un rôle crucial auprès de ses paroissiens. À peine avait-il revêtu sa soutane (le clergyman ne serait institué qu'en 1884) qu'il était considéré comme un érudit en qui même les plus cyniques pouvaient avoir confiance. Pour un adolescent qui se sentait la vocation, la perspective ne manquait certainement pas d'attrait. Un avocat devait se faire un nom avant pouvoir traiter des affaires importantes. Un jeune professeur commençait par corriger des copies et nettoyer le matériel de laboratoire. Mais un prêtre était, dès le jour de son ordination, en possession de toute son autorité. Qui plus est, le sacerdoce offrait la possibilité d'atteindre un état de proximité spirituelle avec Dieu qu'aucun autre catholique ne pouvait espérer connaître sur terre[4].

---

4 NdE : L'auteur a donné à cette phrase le ton et le contexte de l'époque. Au vu des béatifications et canonisations de laïcs de plus en plus nombreuses depuis Vatican II, l'Église catholique souhaite réinsister aujourd'hui sur le fait que les prêtres ou religieux n'ont pas le monopole de la sainteté, qui concerne tous les baptisés, dans la complémentarité et la richesse de leurs états de vie.

C'est pour toutes ces bonnes raisons que le jeune Michael McGivney, un jeune homme sobre, intelligent et pieux, rêvait d'être prêtre. Mais rêver ne suffisait pas. L'appel devait venir de Dieu. Cet aspect du sacerdoce qu'il était aisé de simuler, au moins pendant un certain temps, était ce que les évêques avaient le plus de mal à discerner avant d'accepter l'ordination d'un séminariste. « La vocation à la prêtrise est un acte providentiel, insistait le cardinal Gibbons, par lequel Dieu sélectionne certains plutôt que d'autres pour le travail du ministère, et leur confère des grâces particulières pour sa fidèle exécution. » Il rappelait le cas d'un jeune homme qui avait hardiment déclaré vouloir être prêtre pour la simple raison qu'il n'aimait pas travailler. Il n'obtint pas ce qu'il voulait : en effet, s'il n'aimait pas le travail, il avait de toute façon fait le mauvais choix.

Les évêques veillaient également à écarter les candidats qui se préparaient à l'ordination par simple conformation au souhait de leurs parents. L'appel devait venir du Seigneur, non de l'autre bout de la table à manger. Michael McGivney n'était pas du tout de ceux-là, lui qui voulait devenir prêtre malgré la pression parentale, et non à cause d'elle.

À l'âge de seize ans, Michael était certain de ce qu'il ressentait. Il avait eu trois ans pour réfléchir en fabriquant des cuillères chez Holmes, Booth and Haydens. Ce n'était pas un rêve : c'est ce qu'il devait faire. Il se sentait appelé.

Patrick McGivney avait eu le temps de constater qu'il ne s'agissait pas d'une fantaisie passagère. Il donna la permission à son fils de se tourner vers cette nouvelle vie, celle que l'on a décrite comme « dans le monde, mais non du monde ».

En septembre 1868, Michael quitta Waterbury et se sépara de sa famille pour la première fois. On le lui avait répété cent fois dans les semaines qui avaient précédé son départ : il pourrait toujours revenir à la maison s'il le souhaitait. Mais la raison qui l'avait poussé à partir allait se fortifier et se nourrir au contact d'une nouvelle famille. En compagnie du père Hendricken, il prit le train pour le Canada, pour aller étudier au séminaire de Saint-Hyacinthe.

CHAPITRE 4

Les débuts au séminaire

En tout, le père Hendricken emmenait avec lui onze garçons du diocèse d'Hartford dans le train pour le Canada. Ils étaient sans doute quelque peu surpris de se retrouver en route pour le séminaire de Saint-Hyacinthe, et à raison : en règle générale, les garçons du Connecticut qui voulaient rentrer au séminaire se rendaient au Maryland, où se trouvait le collège Saint-Charles.

Saint-Charles était un « petit » séminaire, une école préparatoire de six ans dont les cours et l'atmosphère étaient spécialement conçus pour préparer les étudiants à intégrer un « grand » séminaire. Cela correspondrait aujourd'hui au lycée et aux premières années de licence. Les diplômés pouvaient poursuivre une profession non religieuse s'ils le souhaitaient, mais la plupart des étudiants partaient pour Sainte-Marie, à Baltimore, le plus ancien séminaire catholique des États-Unis, fondé en 1791 sous la présidence de George Washington.

Sainte-Marie et son petit frère, Saint-Charles, occupaient une place privilégiée, étant sous l'autorité de l'archidiocèse de Baltimore, le siège officiel du catholicisme américain. Bien que les évêques américains aient longtemps refusé la création d'un séminaire national, préférant que chaque diocèse produise ses propres prêtres dans ses propres écoles, Sainte-Marie était largement considéré comme le premier séminaire du pays. Son niveau était des plus exigeants ; plus encore, il était en phase avec l'évolution du catholicisme américain. Et c'est précisément pour cette raison que Michael et les dix autres garçons du Connecticut avaient pris la direction opposée, celle du Canada.

Les chefs de l'Église avaient beau réunir des conseils provinciaux tous les dix ans pour évoquer l'avenir du catholicisme en Amérique ; les plus érudits des ecclésiastiques avaient beau débattre de l'influence du clergé irlandais sur les traditions de l'Église à mesure qu'elle croissait, ce n'étaient pas eux les véritables experts du catholicisme américain dans sa singularité, à en croire Francis McFarland, qui avait succédé à O'Reilly à la tête du diocèse d'Hartford. Pour lui, les meilleurs avis sur le catholicisme à l'américaine venaient de simples paroissiens québécois fraîchement arrivés dans le sud de la Nouvelle-Angleterre. Ces Canadiens francophones avaient beaucoup à reprocher aux paroisses de la région, et ils ne se gênaient pas pour le faire savoir à leurs curés.

Mgr McFarland avait pleinement conscience de cet afflux massif de Québécois attirés par le boom manufacturier de la Nouvelle-Angleterre. Avec le pragmatisme qui le caractérisait, il avait bien l'intention de les accueillir avec des prêtres parlant leur langue et connaissant leurs manières.

Comme le diocèse d'Hartford n'avait pas de séminaire, McFarland était obligé d'envoyer ses théologiens en herbe ailleurs. En 1868, face au choix de faire appel soit à une nouvelle génération de prêtres américains « classiques » issus de Saint-Charles, soit à des Québécois expérimentés formés dans un petit séminaire canadien, il ne fut pas long à se décider, sachant ce que l'avenir préparait à son diocèse. Il résolut donc d'envoyer de jeunes hommes volontaires à Saint-Hyacinthe, au Québec.

Comme Mgr McFarland avait largement fait savoir sa décision, le père Hendricken, à Waterbury, y répondit à sa manière habituelle, c'est-à-dire concrètement et sans attendre. Dans sa propre paroisse, il suivait depuis longtemps onze jeunes hommes intéressés par la prêtrise. (Si chaque paroisse en avait fait autant, l'Église catholique aurait souffert d'un surplus de prêtres plutôt que d'une pénurie.) Le charisme d'Hendricken et l'exemple qu'il donnait contribuèrent sans aucun doute à l'abondance de cette moisson, mais, sur le plan pratique, il est certain qu'il la favorisa en aidant certains des garçons les plus pauvres, couvrant certaines de leurs dépenses, voire les frais de scolarité eux-mêmes.

Saint-Hyacinthe était une ville maussade située à un peu plus de cinquante kilomètres au sud-est de Montréal, de l'autre côté du Saint-

Cet été-là, Michael McGivney prit la décision de ne pas retourner à Saint-Hyacinthe. Après une pause d'un an, il reprit ses études au séminaire de Notre-Dame-des-Anges à Niagara Falls, dans l'état de New York, à partir de septembre 1871. Peut-être le garçon de dix-neuf ans était-il tombé sur une publicité comme celle-ci, écrite par le président de l'école, le père Robert Rice :

> Située (...) à six kilomètres des chutes, notre institution surplombe la célèbre rivière Niagara et vous permet de profiter de son superbe panorama. En plus de jouir d'un emplacement sublime, elle bénéficie également de tous les attraits d'un climat sain. Le séminaire possède une grande ferme, dont une large partie a été aménagée en terrains de loisirs pour les étudiants.

Robert Emmett Rice, le directeur de l'école, était né dans une plantation du Missouri, et avait fait son séminaire en France. Il n'avait que vingt-six ans lorsqu'il prit la direction de Notre-Dame-des-Anges en 1863, alors que l'institution se limitait encore au corps de ferme d'origine. Nombre de séminaires américains étaient modestes et ne pouvaient accueillir que cinq à dix étudiants à la fois. Mais en moins de dix ans, le père Rice en avait fait un vaste campus. Son charisme, l'atout le plus précieux de l'institution venait de la confiance qu'il plaçait dans presque tous ceux qu'il rencontrait. La conviction qu'il avait que personne n'abuserait de cette confiance lui permettait une certaine indulgence et, à cet égard, il était devenu un modèle pour des étudiants comme Michael McGivney. Comme l'écrivait un séminariste à son propos : « Encourageant tous les projets qui contribuaient à la détente et aux progrès de ses étudiants, le père Rice donnait son approbation à la création de clubs littéraires, dramatiques, religieux et sportifs. (...) Plus le temps passait et plus le nombre d'étudiants augmentait. »

McGivney souhaitait sûrement profiter de l'air doux et vivifiant de Notre-Dame-des-Anges, mais il avait certainement besoin d'améliorer sa connaissance des classiques et de la philosophie avant d'être éligible à l'entrée dans un grand séminaire théologique. Notre-Dame-des-Anges en était un, mais il ne semble pas que McGivney l'ait considéré comme tel. Pour lui, il s'agissait toujours d'une étape préparatoire à ses études sacerdotales.

Pendant ce temps, le père Hendricken poursuivait sa quête de candidats à la prêtrise. En 1871, en plus de McGivney, trois autres jeunes de Waterbury entrèrent à Notre-Dame-des-Anges (que l'on appelait alors collège de Niagara, avant qu'il ne soit officiellement renommé université de Niagara). Ils rejoignaient les nombreux autres étudiants originaires de Waterbury, qui étaient statistiquement cinq fois plus nombreux que ceux de toutes les autres municipalités du Connecticut.

James P. Splain, venu de New Haven, était l'un de ces garçons du Connecticut à ne pas être nés à Waterbury. Comme McGivney, il avait commencé ses études au Québec. On ne sait s'ils s'y étaient croisés ; en tout cas ils devinrent rapidement amis à Niagara. Splain y était lui aussi venu pour parfaire ses études classiques, même s'il avait déjà abandonné son projet de recevoir le sacerdoce, ayant fait le choix d'une carrière dans la médecine. Connu pour sa gaieté, il était décrit comme « sympathique, bon camarade et sociable, doué d'un vrai sens de l'humour et de la repartie. » McGivney avait également la capacité de faire rire et de remonter le moral de son entourage, mais, avec le temps, il avait pris l'habitude d'adopter une posture plus intellectuelle, toute en retenue. Peut-être trouvait-il cela plus digne, plus « sacerdotal ». Les journées passées en compagnie de l'énergique James Splain l'aidèrent à retrouver cet humour qu'il possédait naturellement.

Un autre ami proche de McGivney était Edward Antill, peut-être l'élève le plus brillant de l'école. Antill était tout aussi incontrôlable dans la salle de classe qu'au dehors, rejoignant un large éventail de clubs parascolaires de Niagara. Du club littéraire à la chorale, c'était une véritable force motrice du campus.

Le seul rival d'Antill dans ce domaine était John J. Splain, le frère cadet de James, qui n'irait pas jusqu'à l'ordination, mais passa tout de même un bon moment au séminaire. Entre autres choses, John était président de l'association de billard, et un véritable fanatique de base-ball. Tout comme Edward Antill. C'était un sport très populaire à Notre-Dame-des-Anges. Dans les années 1870, il était en plein essor aux États-Unis, avec la création d'équipes professionnelles dans de nombreuses villes du nord-est. À Niagara, tous les matches étaient disputés intra-muros entre équipes étudiantes. Le père Charles V. Eckles, un universitaire de renommée nationale, entraînait l'une des équipes. Et lorsque les champions en titre du campus, les Mont Eagles, refusèrent de relever le défi de la jeune équipe des Niagaras, par le biais d'une note liminaire et plutôt condescendante, les Niagaras se rendirent directement au bureau du président du séminaire, le père Rice, et lui demandèrent d'intercéder, ce qu'il fit, forçant les Mont Eagles à jouer le match (qu'ils perdirent très largement). Chaque année, le 2 juin, on fêtait l'anniversaire du père Rice par une journée de congé où, à la demande du directeur, on jouait au base-ball et pratiquait toutes sortes d'activités.

Le sport en général était partie intégrante de la formation proposée à Notre-Dame-des-Anges, ce qui en faisait une institution assez unique. « Certains de nos camarades avaient la force de chevaux de trait, se rappelait un prêtre de la faculté, se référant à l'époque où McGivney y étudiait, et d'autres étaient si faibles physiquement qu'ils ne pouvaient réciter un *Ave Maria* sans s'étouffer. Les uns comme les autres devaient pouvoir bénéficier de récréations appropriées, sans oublier tous ceux qui, n'appartenant ni à l'une ni à l'autre catégorie, étaient assez en forme, sans toutefois être casse-cou au point d'avoir besoin de s'épuiser au jeu. »

McGivney était plus athlétique qu'il ne le laissait paraître. Il mesurait environ 1m78, ce qui était plutôt grand pour l'époque. À titre de comparaison, l'équipe gagnante des Niagaras, en 1871, ne comptait qu'un seul joueur dépassant cette taille, à 1m80. (La moyenne se situait à 1m72.) McGivney n'était pas très musclé et ne ressemblait pas vraiment à un cheval de trait. Mais on découvrit qu'il était plutôt doué pour le base-ball.

Ce fut peut-être son ami le père Eckles qui le révéla. Ou peut-être Edward Antill qui était lui-même un bon lanceur. Mais ce fut plus probablement son bon ami John Splain, qui, début 1872, avait décidé de monter une nouvelle équipe, les Charter Oaks. Il avait besoin de neuf joueurs (les équipes d'alors n'ayant pas de remplaçants).

John était le président et le lanceur. Richard O'Grady, un autre membre du contingent de Waterbury, jouait « deuxième base ».

McGivney était « champ gauche », ce qui nécessitait de savoir courir vite et de frapper la balle loin et fort. Il était probablement l'un des trois coureurs les plus rapides de l'équipe. Dans les années 1870, les terrains de base-ball n'étant pas clos comme aujourd'hui, les joueurs de champ extérieur étaient souvent contraints de couvrir de grandes distances pour rattraper la balle. Et le terrain de Notre-Dame-des-Anges était installé sur une ancienne exploitation agricole: la balle pouvait rouler sur des kilomètres – c'est du moins l'impression que devait avoir un « champ gauche ».

Les Charter Oaks avaient prévu de disputer leur premier match le 20 mai 1872, en réponse à un défi des Mohawks. D'après le journal de l'école, l'*Index Niagarensis*, John Splain fit un bon match, tenant les Mohawks en échec et marquant deux fois. McGivney fit encore mieux, puisqu'il en marqua trois en atteignant le marbre, c'est-à-dire la quatrième base. Les Charter Oaks l'emportèrent par 23 à 6.

Les Charter Oaks demeurèrent invaincus, si l'on se fie à l'*Index* qui ne renseigna jamais un autre match auquel ils auraient participé. Ce qui ne signifie pas que McGivney en avait fini avec ce sport. Il joua sans doute plusieurs fois lors des parties amicales organisées pour l'anniversaire du père Rice au mois de juin. Ce jour-là, rapporte le journal, « les élèves jouaient au base-ball, au labyrinthe, à *mumblety-peg*[5] et à toutes sortes d'exercices exaltants », pour lesquels nous n'avons hélas aucune trace des scores.

L'accent mis par le séminaire Notre-Dame-des-Anges sur les sports et autres activités de plein air n'affectait pas son sérieux dans l'enseignement académique. Les cours étaient vivifiants et le niveau des professeurs élevé. Mais McGivney – cet élève si sérieux qui avait conservé la détermination peut-être excessive qu'il avait acquise lors de son passage à Saint-Hyacinthe – garderait au cœur un important enseignement appris à Notre-Dame. « Niagara, écrivait avec esprit un professeur, estimant que le cerveau éprouvé doit se reposer et que le corps des étudiants doit lui aussi être développé – sans quoi ils se transforment en cercueils intelligents, leur a toujours offert des di-

5 Vieux jeu consistant à lancer un canif pour qu'il s'enfonce aussi loin que possible dans le sol, l'adversaire devant le retirer avec les dents.

vertissements plus ou moins athlétiques, tout au long de l'année scolaire. » McGivney retint cette simple leçon que tout jeune prêtre trop sérieux devrait apprendre : rire est une bonne chose.

McGivney ne retourna pas à Notre-Dame des Anges à l'automne 1872. Comme l'écrivait un éditorialiste de l'*Index*, « l'hiver 1871-1872 fut l'un des plus longs et des plus sévères que l'on ait connu en bien des années. » Mais ce ne fut pas la météo qui le décida. À la fin de l'année scolaire 1871-1872, McGivney avait obtenu une mention honorable pour son travail dans cinq matières, dont trois en études classiques : grec, latin, version (il fut notamment cité pour sa traduction de Tite-Live), algèbre et composition. Il était donc prêt à entrer au grand séminaire et son choix se porta sur Sainte-Marie, à Montréal.

Chez lui à Waterbury, Patrick McGivney travaillait toujours comme mouleur. Il avait quitté depuis un moment l'usine de Merrit Nichols pour rejoindre la plus importante Farrell Foundry and Machine Company. Dans l'industrie depuis plus de vingt ans, il était connu pour sa volonté de partager son savoir-faire avec les plus jeunes. « Certains des meilleurs mouleurs de Waterbury ont appris le métier grâce à lui », se souvenait un habitant de la ville en 1900. En quittant Merrit Nichols, il avait également abandonné le charmant cottage qu'il louait au bord de la Naugatuck pour emménager dans une maison plus grande, au 5 Railroad Hill Street, ce qui était aussi bien, sa famille continuant de s'agrandir. Le dernier, John, était né alors que Michael faisait ses études à Saint-Hyacinthe.

Six enfants restaient à la maison. La fonderie assurait à Patrick un revenu stable qu'il consacrait à sa famille. Tout en assurant confortablement la subsistance des siens, il parvenait à épargner plus de trois cents dollars par an pour payer les frais de scolarité de Michael.

Au retour de celui-ci, à l'été 1872, tout allait bien pour les McGivney, mais un changement radical l'attendait dans sa deuxième maison de Waterbury, l'église de l'Immaculée-Conception : le père Hendricken était parti.

Lorsque la santé de Mgr McFarland avait commencé à décliner au début des années 1870, le Saint-Siège avait reconnu que le diocèse d'Hartford était devenu trop important pour être confié à un seul homme. On lui retira Rhode Island et une partie du sud-est du Massachusetts. En avril 1872, le père Hendricken devint le premier évêque de Providence. S'il n'était pas tout à fait absent de la vie de Michael McGivney, il ne pouvait plus vraiment remplir son rôle de mentor.

En choisissant Sainte-Marie à l'automne de la même année, Michael McGivney terminait ce qu'il avait commencé quatre ans plus tôt sous sa tutelle, lorsqu'il était parti pour le Québec. Par certains aspects, pourtant, c'était une entreprise novatrice pour lui.

Beaucoup de séminaires sont gérés par un diocèse qui opère pour l'Église dans son ensemble, comme c'était le cas pour Saint-Hyacinthe. Mais d'autres relèvent de la compétence d'un ordre (c'est-à-dire d'une communauté religieuse qui promeut un aspect particulier de la vie chrétienne). Notre-Dame-des-Anges, à Niagara Falls, était dirigée par les religieux de Saint-Vincent-de-Paul, congrégation qui s'occupe des plus pauvres et des plus fragiles. Sainte-Marie de Montréal était une institution gérée par les jésuites, connus pour leur intellectualisme. Cependant, on n'attendait pas nécessairement des étudiants qu'ils rejoignent à terme la Compagnie de Jésus (le nom de la congrégation à laquelle appartiennent les jésuites).

Pourtant, d'après un texte écrit en 1900 par le père Joseph Daley, qui connaîtrait plus tard le père McGivney, le jeune étudiant sérieux du Connecticut prévoyait de devenir jésuite. Doté d'un esprit fin et d'une grande capacité d'apprentissage, il voulait s'immerger dans le milieu universitaire le plus rigoureux qu'il pouvait trouver. C'est ce type d'inclination que Garry Wills, ancien séminariste jésuite, a appelé « consacrer son intellect au service de Dieu ». Pour Michael McGivney, le séminaire qui représentait le summum de l'exigence était le collège Sainte-Marie.

Durant l'automne 1872 et le printemps suivant, McGivney étudia donc à Montréal, se préparant pour les examens finaux prévus en juin. On exagérerait si l'on disait qu'il avait *hâte* de les passer, mais c'était là l'occasion de déterminer s'il avait le niveau requis pour Sainte-Marie – ce qui était le centre de toutes ses préoccupations. C'est du moins ce qu'il pensait, avec la vanité d'un étudiant isolé.

Mais le 6 juin 1873, Patrick McGivney mourut.

Michael quitta le collège sans passer les examens. Il fit ses bagages en sachant qu'il ne reviendrait jamais à Sainte-Marie et rentra chez lui à Railroad Hill Street. Lui et sa famille étaient sous le choc.

CHAPITRE 5
DANS LA VILLE DE NEW HAVEN

Au début de l'été 1873, Michael McGivney fut confronté à la nécessité de trouver un emploi à Waterbury pour aider sa mère et ses jeunes frères et sœurs. Il n'avait plus d'argent pour payer ses propres frais de scolarité. Il ne pouvait retourner à Sainte-Marie.

Après un temps de difficultés financières, la mère et les sœurs de Michael recommencèrent à vivre comme Patrick McGivney avait toujours vécu : en prenant soin des autres. Les deux plus grandes, Mary et Rosanna, avaient trouvé un emploi et, à elles deux, elles pouvaient assumer les dépenses de la famille.

À dix-neuf ans, Mary était fiancée à un commis nommé Michael Lawlor et serait bientôt mariée ; le couple continuerait à soutenir la tribu McGivney. Michael Lawlor connaissait et comprenait les sacrifices consentis par les familles des séminaristes, ses frères aînés, Patrick et Martin, étant tous deux prêtres. Arrivés d'Irlande dans les années 1850, ils avaient eux aussi été influencés puis encadrés par le père Hendricken, ce « chasseur de talents sacerdotaux » de Waterbury. Mais les Lawlor avaient connu des difficultés. Avec la mort prématurée des deux parents, les cinq garçons avaient dû se soutenir les uns les autres, ce qu'ils ne manquèrent jamais de faire.

Si les McGivney pouvaient survivre sans le soutien financier de Michael, il n'était pas certain que la réciproque soit vraie – il lui fallait de l'aide, d'eux ou d'autres : ses études théologiques n'étaient pas terminées. Mgr McFarland apprit bientôt que McGivney, l'un des jeunes les plus prometteurs du diocèse, était dans le besoin.

Avec l'intercession de l'évêque, le diocèse d'Hartford « adopta » formellement McGivney comme étudiant, lui accordant l'équivalent d'une bourse complète, un concept alors très peu répandu. Mgr McFarland, toutefois, n'était pas favorable au retour de McGivney au collège Sainte-Marie de Montréal. Il avait changé d'avis quant à l'envoi de catholiques d'origine irlandaise en formation au Québec. Les paroissiens canadiens francophones, comme il l'avait découvert, n'étaient pas dupes : chaque année, ils réclamaient avec plus d'insistance d'avoir des prêtres francophones de naissance, francophones ou québécois. De plus, Mgr McFarland ne souhaitait pas consacrer de l'argent diocésain au parrainage d'un futur jésuite susceptible de quitter son diocèse selon les besoins de sa congrégation. Comme il était en bons termes avec le président du séminaire Sainte-Marie de Baltimore, il prit des dispositions pour que McGivney y soit reçu sans perdre aucun crédit acquis pendant son année chez les Jésuites de Montréal. Le 14 septembre 1873, toujours endeuillé par la mort de son père, Michael put retourner dans le sanctuaire de ses études religieuses.

Le séminaire Sainte-Marie était géré par la Compagnie des prêtres de Saint-Sulpice, un ordre fondé en France au XVIIe siècle. Les sulpiciens n'ont jamais été très connus, sinon dans la hiérarchie catholique, leur mission principale étant de former les prêtres, notamment dans le but d'aider les évêques à combler les besoins diocésains.

En arrivant à Baltimore pour commencer ses études auprès des sulpiciens de Sainte-Marie, McGivney n'avait pas encore renoncé à son ambition de devenir un jésuite érudit. Il avait après tout considéré ses écoles précédentes comme de simples étapes. Au début, son engagement à Sainte-Marie fut donc limité. Les sulpiciens, pourtant, lui offrirent exactement ce dont il avait besoin, d'après le père Joseph Daley :

> À leur contact, son esprit s'ouvrit d'une façon nouvelle, et quant à eux, trouvant en lui la vocation idéale, ils le détournèrent tout à fait de l'idée de rejoindre les jésuites. Un environnement de travail acharné plutôt que de calme réflexion était la sphère la mieux adaptée à l'énergie et aux qualités qui étaient les siennes, disaient-ils ; ainsi, tout en louant l'érudition comme une qualité de grande valeur, ils lui apprirent à la considérer comme une simple faculté subsidiaire chez un prêtre – c'était à l'humanité plutôt qu'aux humanités qu'il devait se consacrer ; la sympathie

> pour les malheurs humains avait plus de valeur intrinsèque que la connaissance ; accumuler celle-ci était une bonne chose, ils l'admettaient, mais sauver des âmes en était une incomparablement meilleure.

Le cardinal James Gibbons, élève à Sainte-Marie une génération avant McGivney, décrivait très simplement tout l'attrait de l'enseignement qu'on y recevait : « [Je] ne regretterai jamais de m'être placé sous la garde des sulpiciens, remarquables enseignants, mais plus remarquables encore par leur piété. »

McGivney, entré à vingt et un ans à Sainte-Marie en 1873, y resta quatre ans. Dans l'ensemble, ses études s'étalèrent sur neuf ans, dans quatre écoles différentes (et deux pays). Mais dans le cas de McGivney, rien ne passa entre les mailles du filet – bien au contraire. Dans un portrait qu'il lui consacra en 1961, le père Jean-Paul Gelinas notait :

> Ayant suivi des études supérieures et une formation auprès des prêtres diocésains du séminaire Saint-Hyacinthe au Québec, des religieux de Saint-Vincent-de-Paul au séminaire Notre-Dame-des-Anges de Niagara Falls, des jésuites du collège Sainte-Marie de Montréal et de sulpiciens du séminaire Sainte-Marie de Baltimore, ayant ajouté à sa culture irlandaise les cultures américaine et française, Michael McGivney, cet homme silencieux, déterminé et pieux, était parfaitement préparé à devenir prêtre séculier.

McGivney quitta l'école avec une véritable sagesse et la capacité de considérer les situations sous tous les angles possibles. Sans jamais faire preuve de dédain, il dégageait une détermination qu'il avait acquise au contact de tous ceux qu'il avait rencontrés au cours de ses études et dans les situations qu'il avait surmontées. Le terrible été qui suivit la mort dramatique et prématurée de son père, McGivney le passa à marcher dans les pas incertains de ces pauvres et de ces malheureux qu'il passa ensuite son sacerdoce à aider. Privé, même temporairement, de la sécurité et de l'ordre qui structuraient jusque-là son existence, il en conçut une force qui le prépara au travail de toute sa vie.

Pour lui, lier son avenir au diocèse d'Hartford signifiait l'assurance de ne jamais s'éloigner de Waterbury. Aucun village du petit État du Connecticut n'était à plus de trois heures de train de sa ville natale, ce qui lui assurait de pouvoir aider enfin sa famille de façon concrète. Alors qu'il allait être ordonné, il ne cachait pas que son souhait le plus cher était de voir ses deux jeunes frères, John et Patrick, répondre comme lui à l'appel de Dieu – l'heure n'était pas encore à ce genre de décision, aucun d'eux n'ayant encore dix ans.

Le 22 décembre 1877, lors d'une célébration à la cathédrale de l'Assomption de Baltimore, des dizaines de séminaristes de Sainte-Marie furent reçus à divers degrés, ou niveaux, sur la voie de la prêtrise : tonsure, ordre mineur, sous-diaconat et diaconat. Au cours des trois années précédentes, Michael Joseph McGivney était passé par chacune de ces étapes. Quelques jours avant la fête de Noël, il fut donc ordonné prêtre par l'archevêque James Gibbons.

« Quelle est la condition actuelle de l'Église ? avait demandé Gibbons lors de son homélie prononcée à l'occasion de la consécration de la cathédrale, l'année précédente, faisant référence à l'état du catholicisme américain. Nous avons soixante-sept évêques, plus de 5 000 prêtres, 6 500 églises, 1 700 écoles paroissiales qui accueillent près d'un demi-million d'élèves, pour une population catholique qui s'élève à plus de six millions d'âmes. »

Tel était l'état de l'Église, mais Gibbons avait un message pour les futurs prêtres : « Ce qui a été accompli nous permet d'espérer en l'avenir, si nous demeurons fidèles et marchons sur les traces de nos pères. La Providence divine nous a significativement assistés par le passé, en conduisant des émigrants sur nos rivages. C'est à nous désormais qu'il convient de coopérer avec le ciel et d'ériger les murs de Sion dont les larges fondations ont été posées par nos prédécesseurs. »

À la fin des années 1870, attirer ces vagues d'immigrés dans l'Église américaine représentait un véritable défi, que les préjugés anticatholiques, toujours présents depuis les années 1840 et 1850, rendaient d'autant plus complexe. Il reposait entièrement sur les épaules des jeunes prêtres comme Michael McGivney. Beaucoup, dans le clergé catholique, vieux curés comme évêques, considéraient que l'Église devait maintenir le cap qui avait été le sien jusque-là, teinté de culture européenne, et que les vrais fidèles suivraient. C'était une manière de préserver la discrétion de l'Église, mais qui ne résoudrait pas les nouveaux problèmes qui se posaient à elle. Elle finirait forcément par devoir se fondre dans la vie américaine et régler ses propres défis. Y parvenir serait la principale préoccupation des prêtres et du clergé de la génération de Michael McGivney.

Ordonné à Baltimore, celui-ci débuta toutefois son sacerdoce à Waterbury, où il célébra sa première messe solennelle à Noël, en présence de ses amis et de sa famille, dans l'église de son enfance, l'Immaculée-Conception. Ce fut sans doute la plus heureuse fête de Noël que connurent les McGivney. En 1878, Michael lui-même n'aurait pu rêver meilleur début d'année, puisqu'il venait d'être nommé vicaire de la paroisse Sainte-Marie de New Haven. C'était la décision du nouvel évêque d'Hartford, Thomas Galberry, et une place de choix, avec une église splendide – quoiqu'impécunieuse.

Le curé était le père Patrick Murphy, un Irlandais passé lui aussi par Sainte-Marie de Baltimore. Il avait obtenu la deuxième note la plus élevée de l'histoire du séminaire, et était considéré comme le prêtre le plus érudit de tout le diocèse – il passait chaque jour des heures plongé dans les textes anciens. Mais sa santé n'était pas bonne, et Mgr Galberry estimait que l'énergique McGivney, tout juste ordonné, pourrait alléger une partie de son fardeau. On pourrait supposer que le père Murphy était un vieil homme cacochyme clopinant autour de Sainte-Marie dans sa soutane ; mais il n'avait en réalité que trente-deux ans.

Lorsque le père Murphy était arrivé à Sainte-Marie en 1872, à l'âge de vingt-sept ans, c'était un jeune prêtre prometteur. L'église n'était encore qu'un chantier que le diocèse l'avait chargé de mener à bien, tâche qui s'était révélée trop difficile pour son prédécesseur, qui s'y était attelé deux ans plus tôt. Sainte-Marie avait été conçue comme un bâtiment somptueux, comme le joyau des églises du Connecticut. Personne ne doutait qu'elle le serait, mais on finissait par se demander si elle verrait jamais le jour. Puis le père Murphy avait pris les choses en main. Il supervisa la fin des travaux et occupa la cure de Sainte-Marie après sa consécration en 1874. L'opération avait été un succès retentissant, mais elle avait laissé la paroisse endettée à hauteur de 200 000 $ et épuisé la santé jusqu'alors robuste du père Murphy. On avait parlé de lui dans le diocèse comme d'un futur évêque ; en 1878, on priait seulement pour qu'il reste en vie.

Le père McGivney assuma immédiatement la responsabilité des affaires courantes de Sainte-Marie. En dépit de son bel édifice, c'était l'une des plus petites paroisses de la ville en nombre de fidèles. Parmi ses missions, McGivney devait donc accroître la fréquentation et réduire la dette.

À titre de comparaison, les dettes d'une autre paroisse de New Haven, Saint-Patrick, dont le curé était le père Jeremiah Fitzpatrick, ne s'élevaient qu'à 67 000 $ – c'était tout de même une fortune en 1878, mais qui n'atteignait pas le niveau extravagant de celle de Sainte-Marie. De plus, grâce à une forte affluence de fidèles, il parvenait à réduire le solde impayé de quelque 30 000 $ chaque année. Le père Fitzpatrick était bien plus que simplement aimé par ses paroissiens : il inspirait un mélange de respect et de vénération pure. Quelques années plus tard, un jour qu'il partait pour des vacances en Irlande, plus d'un millier de personnes vinrent lui faire leurs adieux à la gare ; à son retour, ils étaient plus nombreux encore à former une procession derrière sa voiture jusqu'à Saint-Patrick, ce qui causa un embouteillage tout le long du trajet.

Mais parmi les prêtres de New Haven, le plus renommé était le père Hugh Carmody, curé de Saint-Jean. Chaque fois que des responsables religieux du diocèse ou d'ailleurs visitaient la ville, c'est par le Dr. Carmody (titre qu'il utilisait généralement) qu'ils étaient reçus. Grand, mince et engageant, il « attirait l'attention, écrivait un contemporain, même lorsqu'il se rendait à pied au bureau de poste, par son allure et sa hauteur, qui montraient clairement la force intellectuelle qui était la sienne, et qui lui faisait comprendre pleinement toutes sortes de points de vue sur la vie, si bien qu'il traitait avec une égale générosité des hommes de presque toutes les religions. » Autrement dit, il n'est pas jusqu'aux protestants qui n'aient été en admiration devant le Dr. Carmody. On pourrait dire également que les catholiques eux-mêmes étaient en admiration devant le Dr. Edwin Harwood, le pasteur épiscopalien de New Haven. Riche, cultivé, Harwood était le recteur de l'église de la Trinité, située sur le Green à côté du campus de Yale, qu'un journal décrivait comme l'église « la plus monumentale de la ville, et peut-être de l'État ». S'il était originaire de Pennsylvanie, il incarnait cependant parfaitement l'establishment de New Haven dans les années 1870 tel qu'il aimait à se considérer : instruit, plutôt libéral en matière religieuse, et avec ce qu'il faut de hauteur. Harwood vivait entouré de sa nombreuse famille au presbytère, où il aimait à passer son temps dans son étude, au milieu de ses livres.

Dans le climat religieux libéral de New Haven, les relations étaient à la détente entre les communautés catholique et protestante – ainsi qu'entre celles-ci et la population juive florissante. Un jour que le Dr. Carmody se plaignit de ce qu'un texte d'histoire enseigné au lycée public se montrait hostile aux catholiques, on ne le retira pas, mais on en fit une lecture facultative plutôt qu'obligatoire. L'incident fut symptomatique du climat pacifique des villes comme New Haven, où les catholiques étaient assez largement tolérés du moment qu'ils ne causaient aucun trouble à l'ordre établi.

La ville avait à gérer bien d'autres préoccupations plus urgentes, comme le constata rapidement le père McGivney quand il s'y installa. L'industrie y était bien entendu vitale, comme dans presque toutes les villes du sud-ouest du Connecticut à la fin du XIXe siècle. Une usine de New Haven, par exemple, produisait cinq mille articles différents dans différents métaux. De nombreux investisseurs de la ville s'enthousiasmaient pour l'assurance, en pleine explosion (si l'on peut se permettre d'employer ce terme à propos du secteur des assurances) à Hartford depuis trente ans.

New Haven était en avance sur d'autres villes dans le développement du téléphone après sa première présentation à l'Exposition universelle de 1876 à Philadelphie. À peine deux ans plus tard, juste après l'arrivée du père McGivney, un standard téléphonique transformait déjà la vie des habitants – qui ne le comprenaient pas encore tout à fait. « Si un médecin veut son cheval, expliquait le *New Haven Palladium*, il "appelle" le standard et demande à être mis en relation avec la cour de livrée ; cela fait, il peut parler au garçon d'écurie aussi aisément que s'il lui faisait face. De même, tout habitant de la ville qui possède un téléphone peut être connecté et converser avec tout autre qui en possède un également, quelle que soit la distance qui les sépare. Deux amis peuvent, d'un bout à l'autre de la ville, "s'appeler" et profiter d'une agréable conversation sans quitter le coin du feu. »

Mais de toutes les industries en plein essor, c'était toujours le transport maritime qui dominait. Le long des quais s'alignaient des goélettes à trois mâts, et quiconque disposait de quelques économies aspirait à devenir copropriétaire d'un navire hauturier en acquérant un quart, un seizième, voire un trente-deuxième. L'arrivée de la moindre nouvelle d'un navire faisait toujours beaucoup parler.

À la nouvelle année, l'abbé McGivney intégra sans bruit la vie quotidienne de New Haven. À la mi-janvier, Mgr Galberry fut reçu à Sainte-Marie, en premier lieu pour confirmer un grand nombre d'enfants et d'adultes, mais également pour présenter son plan d'expansion de la paroisse, aux dépens de celles qui l'entouraient. Le père McGivney assista bien entendu aux confirmations et, fin janvier, il célébra son premier mariage. Quelques semaines plus tard, on le vit à une kermesse organisée par l'église Saint-Jean et, le 10 février, il participa, avec des centaines de prêtres de tout l'État, à l'inauguration de la nouvelle cathédrale d'Hartford. Seul le sous-sol de l'église fut consacré ce jour-là, mais il y avait déjà plus de deux ans que Mgr Galberry n'avait plus aucun édifice, aussi était-ce un événement majeur.

À la mort du pape Pie IX ce mois-là, on célébra des messes de requiem dans chaque église, y compris à Sainte-Marie, McGivney faisant office de sous-diacre aux côtés du célébrant, le père Murphy. On peut dire que l'affluence y fut respectable, mais à Saint-Jean, la foule fut telle qu'elle ne tenait plus dans l'église. La nouvelle s'était rapidement répandue que le Dr. Carmody avait rencontré le défunt pape à deux reprises et qu'il évoquerait son expérience lors de son éloge funèbre.

Les souvenirs du Dr. Carmody furent reproduits textuellement dans la plupart des journaux de New Haven. Il décrivit son admiration pour la « bonté » et la « douceur » de Pie IX et sa description minutieuse de la vie vaticane suscita un large intérêt. Ce fut plus que ce que certains protestants pouvaient en supporter, et un groupe de six hommes, dirigé par un avocat de soixante-deux ans du nom de George Terry, affirmèrent qu'ils loueraient une salle de théâtre si le Dr. Carmody voulait bien y développer ses commentaires. Ils lui demandaient plus précisément de répondre à quatre points, dont cette question :

> L'institution connue dans le monde sous le nom d'Église catholique romaine n'est-elle rien de plus ou de moins qu'une monarchie ou qu'un gouvernement féodal dont Léon XIII [le nouveau pape] est actuellement le monarque absolu, les prêtres étant ses officiers, et les diocèses, les fiefs ou tenures des seigneurs que l'on nomme évêques, et qu'une religion largement fabriquée par eux, et qui leur permet d'acquérir leur richesse et de se maintenir en position de gouverner ?

Le Dr. Carmody refusa de répondre à l'invitation. Les plus jeunes prêtres de la ville virent leur vieux lion, d'ordinaire plus coriace face aux défis, reculer et laisser tomber l'affaire.

À quelques mois seulement de sa sortie d'école, le père McGivney pouvait constater une chose : si être catholique dans une ville moderne comme New Haven, dans les années 1870, n'était pas dangereux, ce n'était pas pour autant facile.

CHAPITRE 6

Aux commandes

« Il avait une voix douce et agréable, se souvenait un paroissien, Thomas Clark, à propos du père McGivney ; qui retenait l'attention par sa diction parfaite, mais savait aussi prendre des accents de fermeté lorsque c'était nécessaire. »

De même, le père Daley se rappelait qu'« un vieux monsieur aveugle qui vivait de charité, mais n'était pas catholique, se rendait tous les dimanches à la messe à Sainte-Marie pour entendre "cette voix" ». Même si certains des sermons de McGivney suscitèrent des commentaires à New Haven, aucun ne nous est parvenu sous forme écrite ; nous n'avons que l'écho de « cette voix », comme le rappelaient ceux qu'elle attirait.

« Il parlait lentement, poursuivait Clark, choisissant soigneusement des mots simples mais emphatiques. » Thomas Clark avait cinq ans lorsque le nouveau vicaire était arrivé à Sainte-Marie en 1878. Il le rencontrait au cours de catéchisme chaque semaine. « Le père McGivney devait mesurer un peu moins d'un mètre quatre-vingts, et il était mince, ce qui lui donnait une apparence frêle, bien qu'il n'ait jamais montré de signes de maladie. »

« Je ne l'ai vu qu'une fois, reconnaissait le père Daley, et pourtant je me rappelle son beau visage pâle comme si je l'avais vu hier. C'était un "visage de prêtre", ce qui explique tout, un visage d'une merveilleuse sérénité ; il n'y avait rien de dur dans sa physionomie, mais toutes les apparences de la force ; il n'avait rien du politicien qui échafaude des plans sans rien en montrer. La ruse et l'ambition lui étaient absolument étrangères. »

Le père W. J. Slocum, qui avait travaillé aux côtés de McGivney à New Haven, le qualifiait, dans un discours prononcé en 1905, d'« homme au caractère modeste », et déclarait qu'« il avait presque des manières enfantines ». Mais ce n'était pas sa seule facette.

Tandis que son visage témoignait de son innocence et de son calme, sa manière de se déplacer révélait des traits de personnalité tout aussi importants. « D'ordinaire, il marchait vite, racontait Clark. En dehors des cours, il était sérieux, plutôt silencieux, méthodique dans son travail ; son port de tête était celui d'un chef et son regard très déterminé. »

La plupart des témoignages directs à propos du père Michael McGivney font référence à cette « détermination » et à cette « volonté indomptable ». Mais d'autres viennent nuancer l'image d'une physionomie « sérieuse, plutôt silencieuse » évoquée par Thomas Clark. Sur les photographies, le visage de McGivney semble toujours figé dans une expression sobre, presque sombre – et peut-être cela reflète-t-il la réalité de ses traits, du moins au repos. Ou peut-être, comme la plupart des gens, cherchait-il à renvoyer une certaine image de lui chaque fois qu'on le prenait en photo, et, comme la plupart des gens, y mettait-il un peu trop de zèle.

En société, au quotidien, le père McGivney était « léger » et « agréable », d'après un portrait rédigé anonymement par une connaissance en 1900. L'un de ses traits de caractère les plus saillants était une bonne humeur débordante ainsi qu'un profond sens de la piété et de l'ordre, à en croire son ami de longue date le père Richard Foley, du diocèse de Brooklyn. Ses contemporains se référaient souvent à la vivacité de son esprit et à la douceur avec laquelle il savait faire rire une pièce.

Peut-être Thomas Clark, racontant qu'« en dehors des cours », le père McGivney était si sérieux et silencieux, trahit-il un petit secret : chaque groupe estimait avoir une place spéciale dans l'affection du jeune prêtre. « Le rencontrer, c'était aussitôt lui faire confiance, observait le père Daley, et les plus vieux du quartier, au-devant de qui il allait souvent et à qui il consacrait toujours de son temps, même les jours les plus chargés, le disaient saint et y croyaient fermement. » Les mères de famille le considéraient à peu près de la même manière. Les prisonniers voyaient en lui un ami sincère ; les non-catholiques étaient particulièrement attirés par son caractère empathique.

Deux groupes se montraient plus possessifs que les autres à l'égard de leur prêtre. Le premier était composé des enfants de la paroisse. D'après le *Waterbury Democrat*, le père McGivney « aimait beaucoup la compagnie des enfants ». Thomas Clark et les autres élèves du catéchisme voyaient bien qu'il était différent avec les adultes et qu'il prenait un air plus sérieux, presque inquiétant, en comparaison de ce qu'ils avaient l'habitude de voir.

« Je ne l'ai jamais trouvé ennuyeux, disait encore Clark en évoquant le style d'enseignement de McGivney. Son cours de catéchisme était très bien préparé et il faisait souvent appel aux enfants pour jouer des personnages des Évangiles. Il parlait lentement, choisissant soigneusement des mots simples mais emphatiques. Il répétait généralement chaque explication deux fois, et, plus rarement, trois fois. »

Le deuxième groupe qui jouissait d'une affinité particulière avec le nouveau vicaire était celui des adolescents. Sainte-Marie, comme beaucoup d'autres églises américaines, voyait bon nombre de jeunes abandonner la pratique religieuse. C'était un vrai problème. Les jeunes filles de seize à vingt-deux ans restaient attachées à l'Église, mais les jeunes hommes l'abandonnaient en masse. La première des causes était l'ennui qu'ils ressentaient à l'église ; la seconde, qui suivait logiquement, était l'alcool, qui, dans de nombreux cas virait à l'alcoolisme durable.

Nul doute que le père McGivney, dans les premiers mois de 1878, se sentait profondément heureux de célébrer la messe, le sacrement le plus important de l'Église, et de participer ainsi à l'œuvre du Seigneur. Mais il avait le regard trop vif pour que sa joie ne soit pas tempérée à chaque fois que, contemplant les bancs, il constatait à quel point les hommes étaient ridiculement peu nombreux dans l'assemblée, si l'on exceptait les garçons et les vieillards. Sainte-Marie ressemblait à une église en temps de guerre.

Mais en dépit de tous les problèmes qui se posaient à l'Église en général et de ceux qui touchaient les paroissiens de Sainte-Marie en particulier, le père McGivney avait la chance d'être arrivé dans une communauté catholique vivante. À New Haven, il y avait de quoi s'occuper plaisamment au profit des bonnes œuvres. Pendant les tristes mois de la fin de l'hiver, Saint-John organisait sur plusieurs semaines sa kermesse annuelle, comme il était courant de le faire dans les paroisses catholiques des années 1870 : en louant une grande salle où l'on installait quantité de kiosques et de boutiques, et l'équivalent, en prix de loterie, du stock d'un grand magasin. Il était habituel que les prêtres des paroisses voisines s'y rendent et, au cours de la dernière semaine de février, McGivney visita celle de Saint-Jean avec son curé, le père Murphy. Quelques semaines plus tard, les gagnants de la loterie furent annoncés. McGivney ne remporta rien, mais il dut aider Murphy à ramener chez lui tout ce que lui avait gagné : deux vases, un ensemble de timbales et des rideaux en macramé.

Le 17 mars, à la fin de la messe du jour célébrée en sa compagnie, Murphy annonça que pour fêter la Saint-Patrick serait jouée à l'orgue la chanson traditionnelle *St. Patrick's Day in the Morning*. De sa voix basse que la maladie avait affaiblie, il demanda à chacun de se joindre au chant. Les paroissiens étaient décontenancés : jamais jusque-là ils n'avaient entendu dans leur église de musique profane, et encore moins d'airs légers comme celui-là. Mais l'organiste, Thomas Fitzgerald, était préparé et au signal, il joua les premiers accords. « Le chœur et les fidèles, très nombreux, nota un témoin, entonnèrent cette chanson irlandaise populaire avec ferveur, et beaucoup étaient émus aux larmes. »

Le père McGivney chanta lui aussi ce matin-là, mais il préférait d'ordinaire éviter les célébrations plus exubérantes de la Saint-Patrick, grands défilés et banquets qui se multipliaient à New Haven. Il ne s'intéressa que de loin, par politesse, au mouvement de la Land League – une vaste levée de fonds, à laquelle participèrent de nombreuses églises, y compris Sainte-Marie, pour racheter des parcelles en Irlande afin de les donner aux fermiers déplacés. McGivney ne se considérait pas comme un Irlandais : ses parents l'avaient élevé comme un Américain, et c'est ainsi qu'il considérait ses paroissiens, même ceux qui étaient originaires de Kerry, de Derry ou de Donegal.

McGivney avait une autre raison de se tenir à l'écart de la Saint-Patrick et des hommes à ceinture verte qui y multipliaient les toasts : il n'aimait pas vraiment les groupes derrière ces célébrations, dont certains n'étaient guère plus que des bandes de soûlards. Il ne tenait pas à les encourager, surtout en tant que prêtre de paroisse qui voyait de ses propres yeux ce que l'ivrognerie causait chez les hommes et dans leur famille. Quant aux autres groupes, les clubs irlando-américains, ils formaient presque des « sociétés secrètes » avec rituels, incantations et signes connus seulement de leurs membres. Au mieux, les sociétés secrètes étaient une distraction – poussées à l'extrême, elles pouvaient tomber dans le sacrilège. En tout cas, l'Église ne voulait rien avoir à faire avec elles et interdisait formellement aux catholiques de participer à des rituels secrets. C'est pour cette raison que le père McGivney laissait défiler et festoyer sans lui l'Ancien Ordre des Hiberniens et les Chevaliers de Saint-Patrick.

Pour la même raison, il fut peiné d'apprendre par la presse, le 27 mai, qu'un groupe de catholiques pratiquants de New Haven avait pris pour modèle deux des plus vieilles sociétés secrètes connues. « Une mutuelle catholique romaine, semblable dans sa conception aux organisations des francs-maçons ou des Oddfellows, s'est formée hier soir. (...) Aucune restriction n'a été formulée quant à la nationalité des futurs adhérents, mais tous doivent appartenir à l'Église catholique. » Cette association avait pour but de donner à ses membres une assurance en cas d'accident ou de mort. Ce n'était pas son principe qui posait un problème. L'aspect troublant résidait dans l'exacerbation du sentiment d'appartenance, qui faisait le succès de nombreuses sociétés de ce genre. C'est de l'Église avant tout que les croyants devaient se sentir membres. Les groupes extérieurs qui leur offraient une identité distincte et exigeaient en retour une allégeance sans faille étaient incompatibles avec leur identité catholique. Ce nouveau groupe de New Haven ne survécut pas à sa seconde réunion, mais le dilemme n'avait pas pour autant disparu pour les hommes catholiques : ils voulaient intégrer une sorte de fraternité secrète, vivre un sentiment d'appartenance, mais leur Église ne les y autorisait pas.

Le dimanche soir suivant, le père McGivney se rendait à un rassemblement qu'il jugeait beaucoup plus prometteur : la première réunion de la Société Saint-Joseph d'abstinence totale et de littérature.

Bien avant son arrivée, il avait dû recevoir un bref tour d'horizon de New Haven et de ses ligues d'abstinence totale (LAT). Le premier point à éclaircir était que la LAT de Sainte-Marie s'appelait Saint-Joseph ; que celle de Saint-Patrick s'appelait Sainte-Marie ; et que celle de Saint-Jean s'appelait Saint-Louis-de-Gonzague. Il lui fallait démêler cet écheveau confus pour choisir le bon saint et ne pas se retrouver à la mauvaise réunion le dimanche soir ! Il y parvint et rencontra un petit groupe de jeunes hommes tout juste sortis de l'adolescence, qui avaient « fait serment » de ne pas boire une seule boisson alcoolique.

Ces ligues d'abstinence fleurissaient dans tout le pays, en particulier dans le nord-est, où se trouvait la plus grande concentration d'Irlando-Américains. Il serait tentant de penser que la popularité des LAT auprès des Irlandais est liée à un problème d'alcoolisme chez les Gaéliques – mais ce problème touche bien évidemment d'autres nations. C'est un fait qu'à la fin du XIXe siècle, une grande partie des Américains d'origine irlandaise souffraient d'alcoolisme. En se joignant à la Société Saint-Joseph d'abstinence totale et de littérature (SATL), le père McGivney ne se contentait pas de faire ce qui était attendu d'un pasteur de l'Église : il avait la ferme intention de découvrir ce qui poussait tant de ses jeunes paroissiens à sombrer dans l'ivrognerie alors que d'autres parvenaient à l'éviter.

Le but de toute LAT était d'amener les jeunes hommes à renoncer à l'alcool ; pour les y attirer, on leur proposait un modeste régime d'assurance. On les appelait encore sociétés d'abstinence totale et de bienfaisance. Si quelque chose arrivait à un de leurs membres ou à l'un de ses proches parents, chacun offrait une petite contribution pour lui venir en aide. Saint-Joseph n'était pas à proprement parler une société de bienfaisance. Sans doute était-elle intrinsèquement bienfaisante, mais officiellement, c'était une société littéraire, ce qui signifiait, dans le cadre de l'Église, qu'elle entendait promouvoir tout ce que l'on pouvait considérer comme une activité saine, des jeux de balle au billard. Mais la principale occupation était la production de pièces de théâtre. Les représentations permettaient aux jeunes gens de s'amuser, de relever des défis, de prendre confiance, de se dépenser aussi et, on l'espérait, de rester sobre. Elles servaient également à recueillir des fonds.

Malheureusement, la SATL Saint-Joseph n'était pas en mesure de monter une pièce. Elle avait été fondée à Sainte-Marie en 1873, un an avant l'achèvement de la nouvelle église, mais elle n'avait jamais attiré beaucoup de membres. On s'y ennuyait même tellement que l'un des paroissiens les plus fidèles de Sainte-Marie, John McWeeney, quitta la paroisse pour celle de Saint-Patrick, dont il intégra la LAT (celle qui portait le nom de Sainte-Marie), en devenant même le président. En juin 1878, entouré par les quelques membres restants de la SATL Saint-Joseph, le père McGivney s'en fit élire trésorier, avec l'espoir de la réorganiser. Il aurait pu la présider, mais il choisit plutôt d'y jouer un rôle secondaire. Cette manière de faire était typique de McGivney : il soutiendrait l'effort commun aussi longtemps que nécessaire, faisant office de colonne vertébrale, mais son ambition était qu'à terme les autres apprennent à diriger le club par eux-mêmes.

Tous les membres de la SATL Saint-Joseph étaient des travailleurs : John Rourke, vingt ans, le secrétaire de l'association, était peintre en carrosserie. Henry McDermott, vingt-six ans, président du conseil d'administration, était maçon. Joseph Miller, vingt-trois ans, qui travaillait en étroite collaboration avec McGivney à la trésorerie, gagnait sa vie en aidant ses parents dans leur magasin de musique. Pour le moment, comme la machine ne faisait que redémarrer, la douzaine de membres de la SATL passait ses soirées à siroter des boissons sans alcool dans le sous-sol de Sainte-Marie et à décrire au père McGivney quel genre de salle ils aimeraient avoir un jour. (La TAL Saint-Louis-de-Gonzague, fondée par le Dr. Carmody pour les jeunes de Saint-Jean, avait son propre foyer dans un immeuble de bureaux du centre-ville.)

En dépit du redoux de la fin du printemps, la santé du père Murphy baissait. On lui avait diagnostiqué une tuberculose, le fléau du XIXe siècle. La maladie n'était pas toujours mortelle, mais elle faisait des ravages dans les quartiers d'immigrés surpeuplés des villes américaines – et parmi les curés qui les visitaient ou y travaillaient.

Son visage était gris et fatigué, mais le père Murphy s'acquittait de ses fonctions dans la mesure de ses moyens, même s'il confiait l'essentiel de ses responsabilités à Sainte-Marie au père McGivney. Le jeudi 27 juin, les deux prêtres se trouvaient au presbytère quand on vint leur porter le message suivant : on requérait la présence du curé au sous-sol de l'église. Perplexe, il s'y rendit aussitôt, accompagné de McGivney qui feignait la même surprise.

La salle de réunion du sous-sol était remplie de membres des fraternités de filles et de jeunes femmes qui avaient préparé une présentation. McGivney n'était à Sainte-Marie que depuis six mois, mais il avait déjà travaillé régulièrement avec les fraternités et connaissait toutes les paroissiennes qui attendaient l'abbé Murphy ce soir-là. Les jeunes femmes furent les premières à parler. Après un mot de remerciement de la part d'une porte-parole légèrement nerveuse et pincée, Mary Downes (l'une des filles du papetier Edward Sr.) s'avança. Elle tendit au père Murphy un panier de fleurs « au milieu duquel se trouvait une enveloppe contenant un chèque de 125 $ ». L'idée de ce cadeau était de donner au père Murphy un peu d'argent pour ses vacances d'été. Puis ce fut au tour des petites filles. L'une d'elles fit un pas en avant et déclara que, « bien qu'elles ne soient que des enfants, elles aimaient et respectaient leur pasteur comme leurs grandes sœurs ». Dans leur panier, il y avait un mot contenant un chèque de 75 $, toute une somme, pour de jeunes enfants. Le Père Murphy les remercia toutes avec douceur et leur demanda de prier pour lui, et voyant ces visages rayonnants devant lui, il les bénit.

Dès le début de l'été, il se mit à faire terriblement chaud. Fin juin, un ouvrier de la ville voisine de New Britain mourut d'une insolation. On disait qu'il avait autrefois vécu en Afrique du Sud, où il avait travaillé sous des températures dépassant les 42 °C, mais que l'air particulièrement étouffant du Connecticut avait eu raison de lui. On ne parlait que de la température à New Haven, car les bulletins météorologiques annonçaient qu'elle n'allait faire qu'augmenter, la vague de chaleur se déplaçant vers l'est depuis le Midwest, où elle avait déjà fait des centaines de morts. La peur eut des résultats inattendus sur la mode. On se promenait dans New Haven dans des vêtements trempés et les hommes d'affaires avertis mettaient des feuilles d'arbres dans leur chapeau pour absorber un peu de chaleur. « Toutes les précautions sont prises pour éviter une maladie potentiellement mortelle », rapportait un journal local. Ce qui n'empêchait pas de voir des habitants s'effondrer dans la rue, à cause des températures ou bien de la peur de voir celles-ci grimper encore. « Le soleil avait l'air en colère, écrivait l'*Evening Register*, et l'air était étouffant et déprimant, si bien qu'il y avait de quoi redouter la suite. »

Le 7 juillet, le père Murphy en eut assez de l'ardeur du soleil. Avec ses économies et l'argent qu'il avait reçu des fraternités, il décida de quitter la ville. Tant que sa respiration ne se serait pas améliorée, il était même dangereux qu'il y reste. Il annonça, après la messe du dimanche, qu'il était contraint de quitter Sainte-Marie pour cinq ou six semaines, « car sa santé était très mauvaise », nota un journaliste. Il avait prévu de visiter la ville de Saratoga Springs dans le nord de l'État de New York. Si les paroissiens étaient attristés de le voir partir, ils étaient en même temps soulagés à l'idée que leur pasteur puisse échapper à la canicule. Les membres de la Société du scapulaire et du rosaire en furent abasourdis ; ils organisèrent une réunion impromptue après la messe et recueillirent 200 $ pour le père Murphy. Les petites filles, qui avaient fait ce qu'il fallait pour leur curé une semaine et demie auparavant, avec un aplomb parfait, regardaient avec amusement la désorganisation des adultes.

Le mardi 9 juillet, le père Murphy partit donc en vacances, laissant au père McGivney la responsabilité de Sainte-Marie. C'était un véritable fardeau pour un jeune prêtre sortant à peine du séminaire, mais on s'épancha peu sur son sort, car le lendemain, la communauté catholique de New Haven fut secouée par une nouvelle autrement importante : l'annonce du départ du Dr. Carmody, transféré à New Britain. On apprit la nouvelle le mercredi, et le lendemain, Carmody était parti, laissant derrière lui des paroissiens en pleurs dont les supplications adressées à l'évêque pour qu'il revienne sur sa décision restèrent lettre morte. Le curé avait eu une forte influence sur Michael McGivney, qui comptait parmi tous ceux qui se désolaient de le voir quitter New Haven. L'imperturbable dignité de son aîné et ses réussites à Saint-Jean servirent de leçon et de modèle au jeune prêtre.

McGivney avait eu tant à faire dans sa paroisse que, des mois durant, il avait négligé d'écrire à l'un de ses professeurs préférés, le père Alphonse Magnien, qui avait pris la tête de son ancienne école plus tôt dans l'année. « C'est profondément confus que je pense en cette date tardive à vous adresser mes félicitations pour votre promotion à la direction du séminaire Sainte-Marie, écrivait-il. Mais je sais que votre bon cœur oubliera ce retard et me le pardonnera lorsque vous apprendrez que j'ai été seul tout l'été, à porter sur mes épaules la charge de toute une paroisse. Je n'ai pas eu le temps de prendre une seule journée de repos depuis mon départ du séminaire. (...) Veuillez donc me pardonner ce retard. »

Pendant l'absence du père Murphy, McGivney ne se contenta pas d'assurer l'ouverture de Sainte-Marie, bien entendu : il célébrait la messe, tâche moins exigeante qu'à l'accoutumée car on ne prononçait pas d'homélie en juillet et en août, baptisa quelques nouveau-nés et maria un couple. Il dut aussi gérer une crise plutôt triste. Le dernier jour du mois de juillet, l'organiste Thomas Fitzgerald donna soudain sa démission, affecté par des problèmes familiaux résultant de la perte de l'un de ses enfants. McGivney ne fut pas en mesure de le joindre : le musicien, dans sa détresse, était parti pour New York, où son état se détériora au point qu'on dut l'interner dans un asile d'aliénés. En l'absence de Fitzgerald, McGivney fit appel à Josephine Downes pour le remplacer à l'orgue.

Il était également responsable de l'organisation du pique-nique annuel de la paroisse. Cela pourrait ressembler à une petite activité sympathique, mais pour Sainte-Marie, cet événement rassemblait plusieurs milliers de personnes. Dans les années 1870, certains curés dédaignaient encore l'idée même d'un pique-nique, car ils ne voyaient rien de bon à ce que les gens se mêlent ainsi librement les uns aux autres. Mais le père McGivney n'en faisait pas partie. Tout comme le père Rice à Niagara, il aimait l'idée que l'on puisse s'amuser sous le regard aimant de l'Église. Il employa donc sa minutie habituelle à superviser l'organisation du pique-nique et il l'améliora de toutes les manières possibles. Il programma en avance un match de base-ball, répartissant les volontaires entre une équipe « quartier résidentiel » et une équipe « centre-ville », ainsi qu'une course de chevaux, et il prévit même des voitures spéciales tirées par des chevaux pour emmener les enfants jusqu'au parc.

La presse ne dit rien des résultats de la course, mais elle nota avec approbation toutes les nouveautés qu'amenait cette édition du pique-nique paroissial, et à quel point elle avait plu et amusé. Ce n'était peut-être pas grand-chose : un simple repas suivi de jeux par un bel après-midi d'août, mais cela n'aurait pas pu être mieux, et cela contribua à la réputation que McGivney commençait à se faire en cet été qui avait si mal commencé, son premier été en tant que prêtre.

L'équipe « quartier résidentiel » remporta le match 14 à 4.

CHAPITRE 7

KERMESSES

Des six paroisses catholiques que comptait New Haven dans les années 1870, Sainte-Marie était l'une des plus modestes avec quelque 2 500 communiants. C'était un petit nombre si on le comparait aux 4 500 de Saint-Jean, dont le Dr. Carmody avait été curé, ou aux 6 000 que suivait le père Fitzpatrick dans sa paroisse de Saint-Patrick. Mais Sainte-Marie avait un avantage : son emplacement sur Hillhouse Avenue, au cœur du quartier chic de New Haven. La bonne réputation dont jouissait l'avenue avait été anticipée par James Hillhouse, l'ancien sénateur qui l'avait aménagée soixante-dix ans auparavant – c'était également lui qui y avait planté les premiers ormes, lesquels avaient donné à New Haven son surnom d'*Elm City*.

Tout au long du XIXe siècle, les visites touristiques de New Haven incluaient toujours une promenade en voiture sur Hillhouse Avenue. Les chauffeurs de taxi expliquaient systématiquement aux touristes : « Cette rue est occupée par l'aristocratie littéraire de New Haven ! » ou : « Ici viennent vivre les riches veuves de Boston ! » Il y avait sans doute du vrai dans ces deux affirmations. On voyait aller et venir, dans les immenses maisons de l'avenue, des banquiers, des propriétaires d'usines et des professeurs de Yale, dont certains sont restés célèbres jusqu'à nos jours : Silliman, Kingsley, Sheffield et Dana.

Depuis Hillhouse Avenue, on voyait les tours de l'université de Yale, aussi les nouvelles de l'école arrivaient-elles inévitablement à Sainte-Marie. En janvier 1879 éclata un scandale sur le campus, après l'organisation d'un *minstrel show* par un groupe de premières années. Les *minstrel shows* étaient des spectacles musicaux au cours desquels des artistes blancs se noircissaient le visage et imitaient le style de chant particulièrement exubérant des Afro-Américains du Sud. Considérés comme irrespectueux au XXe siècle, ils étaient déjà vus comme des divertissements vulgaires, même au faîte de leur popularité dans la seconde moitié du XIXe siècle. Les étudiants de première année de Yale, en tout cas, trouvèrent l'idée très amusante. « Le *minstrel show* fut précédé d'une pièce de théâtre, et il y avait bien longtemps, il me semble, que les premières années n'avaient organisé de divertissement à Yale, se souvenait un membre de la troupe, Dick Bissell, élève de la promotion 1883. De l'avis général, les interprètes s'étaient déshonorés et le campus fut très agité le dimanche matin, au lendemain de notre performance. »

Dans cette affaire se trouva mêlé David Hillhouse Buel, un parent éloigné de feu James Hillhouse. Étudiant à Yale, il logeait chez un oncle, William Hillhouse, dont la maison jouxtait l'église Sainte-Marie. Le pedigree de Buel était ce qu'on pouvait attendre d'un résident de l'avenue : ses ancêtres étaient arrivés en Amérique en 1630 ; son grand-père (élève au Williams College) était pasteur congrégationaliste et son père, officier nordiste pendant la guerre de Sécession. À Yale, Ted Buel, comme on l'appelait, s'était intéressé au théâtre, en particulier à la dramaturgie, et il était l'un des principaux auteurs du fameux spectacle. « Je me retrouvai à une réunion de prière après l'office du jour, poursuivait Dick Bissell à propos de ce week-end d'hiver un peu chaud, et fus extrêmement gêné par le discours passionné d'un élève de dernière année qui conseillait aux bizuths d'ostraciser ceux qui, par leur conduite frivole et ridicule lors du spectacle de la veille, avaient fait honte à leur promotion. Jusqu'à la veille, j'avais tiré de mon appartenance à cette troupe une certaine fierté ; cette réunion me blessa profondément dans mon amour-propre. »

Après les offices obligatoires à la chapelle de Yale, Ted Buel avait pris l'habitude d'assister à la messe à Sainte-Marie. Il y avait découvert un vicaire amical qui n'avait pas cherché à le décourager d'écrire des pièces de théâtre. Mais après le scandale du *minstrel show*, McGivney suggéra à Buel de s'éloigner du comique médiocre et du burlesque pour se tourner vers un humour plus fin et plus durable. Buel s'intéressa donc aux classiques, qu'il souhaitait traiter dans le style de Gilbert et Sullivan[6], et commença à travailler sur sa prochaine pièce, *Médée – Parodie.*

Ted Buel comptait parmi les nombreux protestants qui venaient régulièrement à Sainte-Marie. Certains venaient tout simplement pour entendre la chorale et choisissaient leur place assise en fonction de l'acoustique. Mais d'autres y étaient attirés par les deux prêtres, qui avaient chacun un charisme particulier : on devinait encore à quel point le père Murphy avait été brillant, et le père McGivney, lui, manifestait un optimisme à toute épreuve.

Pour autant, un grand nombre de protestants de Hillhouse Avenue voyaient toujours la paroisse d'un mauvais œil. Ils se demandaient comment leur beau quartier cossu pouvait ainsi accueillir une « église d'immigrés ». Mais c'était précisément à cette intention que le père Edward J. O'Brien avait lancé les travaux en 1870 : il voulait gommer l'image qu'on se faisait de l'Église catholique comme d'une institution de seconde classe. Certes, on aurait dû interdire au bon père O'Brien, lors de la planification de la nouvelle église de New Haven, de jamais s'approcher d'un chéquier. La dette qu'il avait contractée l'avait conduit à faire une dépression nerveuse et on l'avait placé en semi-retraite dans une paroisse bien plus modeste. Mais il avait à la fois bien choisi et bien placé l'ambition sans limite qu'il nourrissait pour le catholicisme américain.

Mary O'Brien Driscoll, sa nièce, fut l'une des premières personnes dont le père McGivney fit la connaissance à New Haven. Elle et sa famille étaient restées dans la paroisse et dans leurs veines coulait le même sang impétueux que dans celles du père O'Brien, mais même une O'Brien n'était rien à côté de l'époux de Mary, Cornelius Driscoll, dont la volonté de réussite et la détermination à vivre le rêve américain étaient inégalées.

Cornelius Driscoll était natif du comté de Kerry, dans le sud-ouest de l'Irlande, et il était arrivé en Amérique encore enfant, vers 1850. Lui et ses parents s'étaient installés dans une ferme de Norwich, dans l'est du Connecticut. À la Free Academy de Norwich, Driscoll tra-

6 Duo formé par les Anglais William Gilbert (1836-1911), librettiste, et Arthur Sullivan (1842-1900), compositeur; il se rendit célèbre pour ses opéras comiques.

vailla dur pour s'assurer une place à l'université, sans tenir compte le moins du monde du fait que les catholiques irlandais étaient refusés dans la plupart des universités américaines. Après la guerre de Sécession, cependant, l'enseignement supérieur s'ouvrit imperceptiblement, et Driscoll s'y engouffra aussitôt : il intégra Yale en 1865, se logea chez son oncle Patrick McKiernan, à New Haven, pour réduire ses frais, et obtint son diplôme en 1871. Il était alors le seul catholique de la faculté de droit de Yale.

Cornelius Driscoll était un homme de taille moyenne, aux traits réguliers et aux cheveux bruns clairsemés. Il devait moins son succès à un quelconque charisme qu'à sa capacité à mener à bien de bonnes idées. Au cours de sa première année de droit, il avait réussi à recruter cinq autres jeunes hommes dans ce qui allait devenir aux États-Unis la première société de tempérance catholique à l'échelle d'un État.

Quand il se mit à exercer, il devint le deuxième avocat catholique de l'histoire de New Haven, le premier étant William Downes, le frère aîné d'Edward Sr. En janvier 1879, Driscoll se lança en politique en obtenant un siège de conseiller municipal. Cet homme de trente-quatre ans, précurseur des sociétés de tempérance catholiques, fit forte impression sur le père McGivney, qui travaillait sans relâche au lancement de la SATL Saint-Joseph. Le brillant Driscoll, pour sa part, reconnaissait en McGivney un chef né, et les deux nouèrent des liens étroits. L'un et l'autre espéraient aider les jeunes catholiques à réaliser tout leur potentiel dans un pays où les préjugés à leur encontre étaient encore très vivaces : Driscoll était en avant du peloton et McGivney faisait la voiture-balai, ce qui était tout à fait le style de leadership attendu d'un curé de paroisse – une tâche malaisée, certes, mais qui lui convenait parfaitement.

Le dernier dimanche de janvier 1879, McGivney était sous-diacre à Sainte-Marie quand le nouvel évêque du diocèse d'Hartford, Lawrence McMahon, confirma quelque deux cents enfants et adultes. McMahon avait remplacé Mgr Galberry, mort subitement après seulement deux ans à la tête de l'évêché. McMahon était doué d'un esprit fin, mais il était plutôt bourru et ressemblait à un bûcheron ou à un pêcheur, par l'apparence comme par la personnalité : c'était un homme dur, plus respecté qu'aimé dans les paroisses où il avait servi.

Il rencontra Michael McGivney pour la première fois lors de cette confirmation, et s'en fit une opinion positive qui durerait tout au long de son long épiscopat et les affecterait tous les deux.

Le seul homme absent lors de la confirmation fut le père Murphy. Avec un seul poumon valide, il était toujours au repos, nourrissant l'espoir de retrouver sa vigueur passée. Sa place fut prise par le père Patrick Lawlor de New London, qui connaissait McGivney, puisqu'ils étaient beaux-frères, Mary McGivney ayant épousé Michael Lawlor à Waterbury.

Le père Lawlor était un esprit indépendant qui ne s'embarrassait pas de charmer (s'il avait le moindre charme) son entourage. Mais c'était un homme d'action : sa dernière réussite avait été de faire d'une paroisse déclinante de New London l'une des plus dynamiques du diocèse. Quelques semaines après son retour auprès de ses ouailles, il donna une nouvelle preuve de sévérité en annonçant, lors de la messe du dimanche, qu'il rendrait désormais public le nom de tous les catholiques ayant comparu devant un tribunal pénal, et décrirait dans le détail, devant toute l'assemblée, les accusations portées contre eux.

Même quand le père Murphy ne s'absentait pas pour se reposer, la responsabilité de diriger la paroisse revenait presque entièrement à McGivney. Il avait formé pour elle des projets à long terme et c'est pour cette raison qu'il se consacrait aussi volontiers à la SATL Saint-Joseph. Chaque fois qu'il était appelé par les parents d'un adolescent dissipé ou qu'il intervenait lorsqu'un jeune homme était renvoyé de son travail pour ébriété, il pensait à la SATL et à l'espérance qu'elle pouvait leur offrir de survivre et de profiter pleinement de la période la plus difficile de leur vie.

« La société s'est montée il y a à peine plus d'un an, notait le *Connecticut Catholic* à la mi-1879, et elle est déjà l'une des plus importantes de l'État, avec plus de cent membres, nombre qui ne cesse de croître grâce aux efforts du révérend père McGivney. » En mars, la société décida de mettre à profit sa vigueur nouvelle et de monter une pièce de théâtre le jour de la Saint-Patrick. Ce ne fut pas McGivney, qui n'était que trésorier, qui choisit la pièce – intitulée *Handy Andy* – ni lui qui programma la représentation. Mais il donna son approbation initiale et supervisa les dépenses, qui étaient considérables, puisque les membres avaient décidé de faire les choses en grand et de louer un théâtre professionnel, le *Music Hall*, pour accueillir la soirée, qu'ils voulaient aussi prestigieuse que possible.

Le rôle-titre fut joué par Joe Hines, vingt-trois ans, né en Angleterre de parents irlandais et ouvrier journalier. James Kinlan, un machiniste de vingt-deux ans, jouait M. Purlong, un dandy anglais. John Hopkins, un tailleur de vingt-deux ans, jouait le personnage d'O'Grady. Thomas P. Harrison, assistant dans un magasin de piano, âgé de seize ans, celui de l'un des méchants. La représentation était prévue pour le 17 mars. La troupe, composée d'une douzaine de jeunes hommes, répétait sous la direction de Billy Homer, l'un des membres de la SATL, présenté comme un « habitué de la mise en scène ». Il avait vingt-trois ans. Le père McGivney était là, jouant le rôle de producteur exécutif. Quand le rideau se leva, le théâtre était plein.

Les grands journaux new-yorkais n'avaient pas daigné envoyer leurs critiques de théâtre – du reste, les journaux locaux de New Haven non plus. Ce fut le *Connecticut Catholic* qui publia une critique de *Handy Andy*. Les lecteurs réguliers savaient que le degré de critique du journal se mesurait à la longueur de l'article. Plutôt tendre comme à l'accoutumée, l'hebdomadaire nota en passant les quelques ratés de *Handy Andy*, mais s'étendit longuement sur ses réussites. La vedette du spectacle fut sans doute très fière de lire que « Handy Andy (Joe Hines), un gaffeur né, donne vie à la pièce ». La SATL Saint-Joseph, surtout, vit dans le fait qu'une colonne entière avait été consacrée à la critique un signe de son avenir prometteur. « C'est, pour les jeunes hommes de cette société, une première plongée dans le bain dramatique, expliquait le journaliste en introduction, mais on sent tout leur potentiel, et tout le talent de Billy Homer. »

Handy Andy rapporta trois cents dollars nets à la SATL, qui put bientôt s'installer dans un beau foyer du centre-ville, sur Church Street, avec une bibliothèque pleine de livres, de magazines et de journaux, un piano, et un jardin où l'on pouvait se promener au milieu des pelouses.

Pour un curé, habitué à travailler avec des individus et à compter les succès un par un, le triomphe du *Music Hall* avait de quoi faire tourner la tête. Le père McGivney n'en fut pas sonné, au contraire : il constatait plutôt tout le bien qu'un groupe catholique comme la SATL pouvait apporter dans la vie de dizaines, voire de centaines de jeunes hommes. Leur attachement à l'Église avait pris une nouvelle dimension, plus dynamique, et la communauté qu'ils formaient leur permettait de bénéficier d'un soutien mutuel pour résister aux tentations courantes (notamment à l'alcool). Et ils s'engageaient dans une activité positive – dans le cas d'*Handy Andy*, l'art du spectacle comique. McGivney considérait tout cela avec plus que de la bienveillance : sorti du séminaire depuis un an à peine, il voyait dans la formidable croissance de la SATL une première réussite à grande échelle.

Toutes les époques se sont certes crues à la pointe du progrès scientifique, mais de nouvelles inventions changeaient rapidement la vie des habitants de New Haven et McGivney le ressentait, même durant le court laps de temps qu'il avait passé à Sainte-Marie. Un an après que la ville soit devenue la première au monde à bénéficier d'un standard téléphonique, près de cent kilomètres de câbles connectaient tous les quartiers entre eux. « Le téléphone, observait le *New Haven Evening Register*, est devenu un service de première nécessité. » Voilà pour 1878, mais l'année suivante promettait encore de nouvelles avancées. Début 1879, New Haven dépendait encore de l'éclairage au gaz, 882 lampadaires éclairant la ville. Le gaz équipait également la plupart des foyers et presque toutes les entreprises. Tout allait changer avec l'installation des premières lampes électriques par la Willamantic Linen Company. Quatre lampes électriques suffirent pour remplacer les 72 luminaires à gaz qui éclairaient la salle des machines d'une usine de 1 200 mètres carrés.

Mais le père Murphy n'eut pas le loisir de profiter de ces nouveautés passionnantes qui agitaient New Haven et Sainte-Marie. Au début du printemps, il décida de se rendre en Europe pour prendre un temps de repos. Il réserva sa traversée auprès d'Edward Downes Sr., qui s'était lancé dans la vente de billets de bateaux à vapeur. Mais s'il était encore en forme au moment de planifier son voyage avec Downes, son état respiratoire se déclina ensuite rapidement, et en mai, sa mère arriva de la ville voisine de Bridgeport pour rester auprès de lui. Il était à présent évident que la tuberculose chronique de Murphy avait laissé place au paludisme typhoïde, une maladie encore plus maligne à laquelle sa faible constitution ne pouvait résister. Le père McGivney assuma toutes les fonctions sacerdotales à Sainte-Marie, comme il l'avait déjà fait à maintes reprises, mais il passait autant de temps qu'il le pouvait aux côtés du père Murphy. D'autres prêtres venaient le visiter longuement au presbytère. Dans la semaine du 12 mai, Murphy se mit à perdre régulièrement connaissance et son état s'aggrava sensiblement. Le 18, les six églises catholiques de New Haven se joignirent dans la prière à son intention.

Cet après-midi-là, ces prières furent exaucées. Le père Murphy se réveilla, et, d'après son médecin, il pouvait même espérer un complet rétablissement. Dans la soirée, le curé pu bavarder avec les nombreux membres de sa famille qui avaient rejoint à son chevet, le père McGivney ainsi que les prêtres de la région.

Mais le lendemain, Murphy ne reconnut ni son vicaire ni qui que ce soit. Il mourut dans l'après-midi. Près d'une centaine de prêtres assistèrent à ses funérailles deux jours plus tard. Fait remarquable, le père McGivney n'y joua aucun rôle officiel. Il était sans doute occupé en arrière-plan à organiser la cérémonie dans les moindres détails. Mais on avait préféré faire appel à d'autres pour célébrer les obsèques. Cela ne l'empêcha pas d'honorer son ami à sa manière : il décida que l'on placerait à Sainte-Marie une plaque à sa mémoire, et c'est peut-être là le seul exemple de situation dans laquelle le père McGivney ne laissa le pouvoir de décision à personne d'autre que lui. On peut encore voir ces deux pierres commémoratives à Sainte-Marie, l'une à l'intérieur et l'autre sur le mur extérieur.

Pendant plus d'un mois, McGivney fut le curé intérimaire de la paroisse. Son travail fut remarquable, mais il était inenvisageable de confirmer dans ce rôle un prêtre qui n'avait guère qu'un an d'expérience. Le problème était que personne ne voulait de cette place. La paroisse croulait sous les dettes, et tous ceux à qui le rôle fut proposé demandèrent à en être dispensés. On adressa deux premières demandes au père Lawlor, à New London, qui essuyèrent deux refus. Finalement, le 19 juin, le diocèse annonça le nom du nouveau curé : Patrick Lawlor, qui avait fini par céder à la troisième demande.

Nombreux furent ceux, dans le diocèse, qui considéraient qu'accepter de reprendre Sainte-Marie et ses finances relevait tout bonnement de l'héroïsme.

En juillet, alors que le père Lawlor venait à peine de prendre ses marques, Sainte-Marie connut des difficultés imprévues. Le *New York Times*, probablement poussé par un voisin aigri d'Hillhouse Avenue, publia un long article intitulé « Une église non rentable – Comment un édifice de l'Église romaine a terni la réputation d'un quartier chic ». Le ton était ouvertement et gratuitement anticatholique. L'article décrivait les négociations qui avaient conduit au choix de l'emplacement et laissait entendre que Sainte-Marie avait été construite sur Hillhouse Avenue dans le seul but de contrarier les élites protestantes de New Haven. Il concluait en disant que l'église était « une verrue sur l'avenue, une source de mécontentements et de préjudice pour les voisins et, d'un point de vue commercial, un échec complet ». S'il avait fait ses recherches, le *New York Times* aurait appris que Sainte-Marie n'était absolument pas conçue comme une entreprise. Dans tous les cas, l'article, placé en une, fit grand bruit. Il remettait en question l'opportunité pour les catholiques de dépenser autant d'argent pour un bâtiment et allait jusqu'à insinuer que la paroisse serait bientôt en cessation de paiement. En plus de provoquer une vague d'inquiétude à Sainte-Marie et dans les banques de New Haven, il contribua à renforcer les a priori sur les excès de l'Église catholique. Le lendemain, le *New Haven Morning Journal and Courier* publia une réponse pour prendre la défense de Sainte-Marie, l'appelant « la belle et bonne église de Hillhouse Avenue », et réfuta l'idée qu'elle pourrait flouer qui que ce soit d'un seul dollar et à plus forte raison de 165 000.

Le père McGivney laissait les questions financières au père Lawlor, lequel n'avait rien à envier aux banquiers ou aux comptables avec qui il traitait presque chaque jour. Pour montrer qu'ils ne s'étaient pas laissés démonter par l'article du *New York Times*, les deux prêtres assistèrent au pique-nique de la paroisse Saint-Jean, à Hamilton Park, le mercredi 30 juillet. Leur présence même et l'air détendu qu'ils affichaient en prenant le soleil étaient l'affirmation que Sainte-Marie allait bien et qu'elle n'avait aucune honte à avoir.

Du moins tant qu'il ne s'agissait pas de sport. Le père McGivney participa à une épreuve de tir avec plusieurs autres prêtres. Pourtant bon tireur, il ne la remporta pas, et son équipe de base-ball ne fit pas mieux : la SATL Saint-Joseph perdit 5 à 2 contre la LAT Saint-Louis-de-Gonzague.

Près du kiosque à musique un jeune homme du nom de Thomas Lahey se disputa avec l'un de ses anciens amis, un nommé Shea. Peut-être se chamaillaient-ils à propos de la fille avec qui Shea dansait, ou peut-être simplement parce que la bière les avait échauffés. Sur le point d'en venir aux mains, ils furent séparés, mais pour un moment seulement. Après que Shea eut quitté Hamilton Park, Lahey le retrouva et lui tomba dessus. Des témoins essayèrent de faire cesser la bagarre de plus en plus violente. Tandis que Lahey et Shea roulaient sur le sol dans ce que l'un des témoins appela plus tard un « combat à mort », on cherchait en vain un policier.

Toutes les tentatives pour les séparer échouèrent : Lahey et Shea ne se lâchaient plus. « Shea essayait d'arracher l'oreille de Lahey avec les dents », raconta un témoin.

Le père McGivney, attiré par les cris, arriva sur la scène. Il se planta au-dessus des deux lutteurs et sa seule présence suffit à distraire Shea, qui cessa d'essayer d'attraper l'oreille de Lahey, lequel remarqua alors le prêtre à son tour et lâcha son adversaire. McGivney prit les choses en main, et « ordonna aux deux hommes de se serrer la main et de se réconcilier, dit-on encore, et Shea et Lahey obéirent. »

Non que le base-ball et le théâtre amateur puissent résoudre tous les problèmes du monde, mais devoir intervenir lors de combats comme celui entre Lahey et Shea – et il y en avait d'autres – confirmait le père McGivney dans sa détermination à offrir de nouvelles perspectives aux hommes catholiques qu'il avait à sa charge : changer leur vie quotidienne et changer de regard sur eux-mêmes. L'Église pouvait répondre à leurs besoins de cent façons, mais il fallait, pour qu'ils en bénéficient, trouver un moyen concret et moderne pour qu'ils ne quittent pas l'Église. Il continua donc de réfléchir au problème. Il tourna également son attention vers quelque chose d'un peu moins important, du moins à long terme.

Une semaine après le pique-nique de Saint-Jean se tint la kermesse de Sainte-Marie. Tous les prêtres de New Haven étaient présents et, une fois encore, McGivney participa au concours de tir. Cette fois, il obtint le meilleur score et remporta la partie.

Dans le même temps, si la SATL Saint-Joseph perdit son deuxième match de base-ball contre Saint-Louis-de-Gonzague, elle ne manquait jamais de quoi s'occuper, avec de nouveaux membres et nombre d'événements à organiser. En juillet, elle loua un bateau pour Long Island, séparée de la terre par un détroit que l'on pouvait traverser en une petite heure, et elle y invita tous les prêtres de la ville et les enfants de l'orphelinat catholique. En août, elle organisa une soirée de récitals de poésie et de chants. Le succès fut tel qu'elle dut renouveler l'événement deux semaines plus tard.

À l'automne, pendant que le père Lawlor négociait avec les créanciers de Sainte-Marie, McGivney dut organiser une collecte de fonds. Dans les autres paroisses, on commençait à se plaindre publiquement de ce que la dette de Sainte-Marie finirait par ruiner toutes les églises catholiques de New Haven. Tout curé se doit d'être un peu entrepreneur, et en novembre, McGivney mit au point une nouvelle initiative pour récolter de l'argent : un « café festif », où l'on vendrait du café – ce qui générait toujours d'importants bénéfices – et des gâteaux, et où seraient proposés toutes sortes de divertissements. Sous la direction de McGivney, les femmes de la paroisse s'associèrent à ses troupes loyales de la SATL pour mener le projet à bien. On imprima même un encart publicitaire dans le journal, ce qui, là encore, était une première pour une collecte de fonds à New Haven :

> Oyez ! Oyez ! Vous n'avez pas entendu les dernières nouvelles ? C'est qu'on organise un café festif au Church Street Hall jeudi soir prochain ! Oh, on s'y amusera bien ! C'est en tout cas ce que disent ces dames. Venez profiter de toutes sortes de jeux de société, de musique, de danses, etc. Les membres de la SATL Saint-Joseph contribueront au succès de la soirée avec des caricatures, des chants et des danses. La fête promet d'être aussi agréable que son nom est original.

Toutes les occasions étaient bonnes pour récolter des fonds. Entre la célébration de la messe huit ou dix fois par semaine, les confessions, les baptêmes et le conseil aux pauvres et aux malheureux – toutes choses qu'on lui avait apprises au séminaire – McGivney trouva ainsi le temps d'organiser une soirée mémorable dans le centre-ville de New Haven.

Le café festif était censé être un événement unique, mais la fréquentation fut telle qu'il resta ouvert une semaine entière. Il aurait pu l'être indéfiniment et devenir une véritable entreprise, mais il fallut bien que le jeune prêtre se repose. « Le père McGivney mérite notre admiration pour la façon dont il a dirigé le projet, pouvait-on lire. On rapporte qu'il a récolté une coquette somme qui aidera sans doute à rembourser la dette de sa paroisse. »

Cette préoccupation, les prêtres de Sainte-Marie l'avaient sans cesse à l'esprit.

CHAPITRE 8

DES HOMMES MODERNES

Fin 1878, ou peut-être début 1879, Cornelius Driscoll présenta au père McGivney l'un de ses nouveaux amis en politique, James T. Mullen. Paroissien de Saint-Patrick, Mullen avait déjà beaucoup entendu parler du prêtre énergique de la paroisse Sainte-Marie. Et le père McGivney avait sans aucun doute lui-même entendu parler de James T. Mullen.

Driscoll et Mullen avaient eu des vies très différentes, mais ils en étaient tous les deux à peu près au même point. Ils faisaient partie des hommes à suivre à New Haven, car ils étaient à la pointe de la première génération de catholiques d'origine irlandaise à affirmer publiquement leurs ambitions. Mullen, qui allait avoir trente-six ans en 1880, n'avait pas eu la même chance que Driscoll – ou ne l'avait pas saisie. Né à New Haven, il était allé à l'école publique sans penser à l'université. Il s'était engagé comme volontaire dans l'armée nordiste lors de la Guerre de Sécession et avait passé environ un an et demi dans la compagnie C du 9e Régiment des Volontaires du Connecticut, avant d'être rendu à la vie civile pour raisons de santé. Une fois rétabli, il était devenu policier à New Haven. Quelque temps plus tard, il entrait dans le monde des affaires comme négociant en spiritueux.

Mullen mesurait un mètre soixante-dix pour cent kilos. Il avait des traits ordinaires, des yeux creusés et un nez charnu. Il attirait pourtant l'attention grâce à une extravagante moustache en guidon qui impressionnait, même à une époque qui en faisait une compétition permanente. Mullen était infatigable, avec une personnalité diamétralement opposée à celle, plus mesurée, de Driscoll. Le premier haranguait les foules quand le second se contentait de les observer. Cela étant, ils partageaient une même volonté de réussite. Mullen gravissait les échelons grâce à ses contacts, et s'il lui en manquait, il les étoffait.

Et si chaque époque offre toujours des opportunités à ce type de battants, les années post-guerre de Sécession étaient particulièrement favorables à quiconque pouvait se souvenir d'un nom de famille et en faire quelque chose.

À la fin de la guerre, de nombreux anciens combattants, particulièrement dans les rangs victorieux du Nord, répugnaient à laisser le souvenir de l'armée entièrement derrière eux. Ils n'avaient aucun problème à laisser les terribles champs de bataille en tournant la page, mais la camaraderie de la vie militaire leur manquait. Pour garder contact, ils formèrent des gardes d'honneur et des organisations inspirées du modèle militaire. Certains groupes comme la Garde de Sarsfield de New Haven admettaient aussi de nouvelles recrues dans leurs rangs et leur fournissaient une instruction militaire – ou du moins la part de cette instruction que l'on pouvait donner dans une ville prospère de Nouvelle-Angleterre. La Garde de Sarsfield comptait de nombreux Irlando-Américains comme James Mullen, qui enfila avec plaisir l'uniforme garance et gravit progressivement les échelons de cette nouvelle troupe.

Pendant que les effectifs de la Garde de Sarsfield partaient à l'exercice et passaient leurs week-ends d'été sous la tente, beaucoup d'autres Américains désiraient comme eux changer l'image qui leur était renvoyée chaque jour par leur miroir. Ils étaient les hommes du *Gilded Age*, c'est-à-dire l'Âge doré, cette ère de prospérité et de croissance que connurent les États-Unis à la fin du XIXe siècle. Ce n'était pas pour eux que ce nom avait été choisi, mais pour refléter le mode de vie rutilant des géants de l'industrie et de la finance qui contrôlaient l'économie, voire le pays tout entier. Et si les classes laborieuses faisaient bien partie de l'aventure, c'était de plus en plus en spectateurs.

Pour la majorité de ces hommes, travailler pour quelqu'un d'autre était une nouveauté. Leurs pères et leurs grands-pères avaient été des aventuriers – à leur propre échelle. Ils exploitaient leurs propres fermes ou vivaient de leur commerce ; s'ils choisissaient un travail qui ne les rendrait jamais riches, du moins restaient-ils maîtres d'eux-mêmes. Ils étaient aussi embarqués dans une autre aventure à plus grande échelle, en tant qu'immigrés cherchant à se faire une place dans le monde, ou de pionniers vivant des arbres qu'ils abattaient et de la nourriture que la terre leur donnait. Mais pour les hommes qui vivaient dans les grandes villes industrielles du *Gilded Age*, l'aventure de leurs aïeux n'était plus qu'un souvenir distant. Victimes de ce nouveau statut qui leur était imposé, ils n'étaient plus maîtres de leurs décisions.

Bien sûr, ils connaissaient une stabilité que leurs pères n'avaient pas connue mais cela faisait beaucoup à digérer d'un coup. Un homme commençant sa carrière dans une usine en 1880 savait où il en serait en 1920, à soixante ans. S'il était toujours vivant, il travaillerait toujours dans une usine, probablement la même, et vivrait dans la même rue, probablement dans la même maison. Il n'avait plus la satisfaction que ses prédécesseurs avaient eue de bâtir une nouvelle vie.

Ce destin de l'ouvrier et de l'employé de bureau causa bien des troubles chez les millions d'hommes qui grandirent et vieillirent pendant le *Gilded Age*. Les internationalistes (ceux qu'on appellerait plus tard les communistes) essayèrent de montrer combien ce destin était tragique, mais l'Amérique dorée ne leur prêta guère attention. Le mouvement syndicaliste, pour instable qu'il était, tâchait quant à lui de se rendre utile au travailleur américain en défendant ses intérêts dans cette économie en construction.

Tout cela laissait le nouvel homme américain face à un bien plus grand problème : lui-même.

Comme on pouvait aisément le constater, la vie du travailleur avait perdu une certaine identité que les grands acteurs de l'économie lui avaient retirée en échange des avantages de la stabilité et de magasins remplis de biens de consommation. Quelle que fut la façon dont cela se déroula, et quels qu'en aient été les bénéfices, ces grands acteurs économiques avaient aussi retiré tout pouvoir au travailleur. Et pour les hommes de la fin des années 1870, élevés avec l'idée que le pouvoir venait avec l'âge, le présent n'était pas moins confus que l'avenir. Ils n'étaient plus définis par leurs choix quotidiens et ils se sentaient parfois aussi vides que les fiches de paie qui s'empilaient et leur faisaient comprendre que la vie leur filait entre les doigts.

Les syndicats, les partis politiques et les agitateurs ne pouvaient ni remplir le vide que des millions d'hommes découvraient en eux, ni expliquer ce que signifiait être un homme dans cette époque de géants.

Il fallait pourtant combler ce vide, et il le fut, presque trop vite, par la création de sociétés secrètes qu'on qualifiait aussi de « loges ». Les États-Unis abritaient déjà toutes sortes d'associations, mais le pays fut véritablement envahi par un afflux de sociétés secrètes à partir des années 1870. Elles renvoyaient à une ère d'auto-détermination et presque de machisme, à commencer par leurs noms : l'Ordre ancien des Forestiers, les Forestiers modernes d'Amérique, l'Ordre amélioré des Peaux Rouges, etc. Beaucoup de ces sociétés donnaient à leurs membres le titre de « chevaliers » ou prenaient des noms d'animaux conçus comme des symboles de virilité – aigles, cerfs ou élans.

Avant la guerre de Sécession, ces sociétés n'étaient qu'une poignée. Pendant le *Gilded Age*, elles proliférèrent. Selon l'historien Felix John Vondracek, « parmi les 568 sociétés fraternelles dont il a été possible de déterminer avec certitude la date de fondation, 78 le furent avant 1880, 124 entre 1880 et 1890, 136 entre 1890 et 1895, et 230 de 1895 à 1901. » Plus important encore, le nombre d'adhésions crût pendant cette période de quelques milliers à plus de cinq millions.

Une société qui ne fut probablement pas comptabilisée par Vondracek était une branche mineure de la Garde de Sarsfield qui se réunissait localement à New Haven ; elle s'appelait l'Ordre des Chevaliers rouges et insistait plutôt sur l'aspect fraternel de la Garde que sur son militarisme. L'Ordre des Chevaliers rouges visait à attirer les hommes trop jeunes pour avoir combattu pendant la guerre. Son organisation, typique des tendances en vogue parmi les organisations fraternelles, fut conçue par James Mullen, qui en était aussi le secrétaire général, le « Chevalier suprême ». Les Chevaliers rouges avaient leurs propres uniformes et insignes, ainsi qu'un cérémonial au début de chaque réunion. Mais le principal intérêt du groupe était plutôt social. Mullen connaissait bien les ambitions des LAT, mais il ne comprenait pas vraiment pourquoi il fallait renoncer à boire pour pouvoir entrer dans une organisation fraternelle. Il était, après tout, négociant en spiritueux. Ses Chevaliers rouges, loin d'être des voyous, n'avaient toutefois pas choisi de faire abstinence. Peu de membres de loges le demandaient.

L'Ordre des Chevaliers rouges fut populaire dès sa fondation en 1875 et Mullen profita tant qu'il pouvait de la vague qu'il avait suscitée dans la vie sociale de New Heaven. Il fut élu au conseil municipal aux côtés de Cornelius Driscoll et fut même nommé à la fonction prestigieuse de directeur des sapeurs-pompiers.

Au début des années 1880, la carrière de Mullen était encore en plein développement mais les Chevaliers rouges étaient sur le déclin. De nombreux membres s'étaient mariés, ce qui représentait une sérieuse menace pour le maintien d'un groupe exclusivement masculin qui servait avant tout de passe-temps.

William Sellwood était l'un de ceux qui avaient fini par se marier. C'est son ami le père McGivney, qu'il avait connu à la SATL Saint-Joseph, qui célébra son union en novembre 1879. McGivney était plus proche encore de sa femme, Mary Ann Gaffney, elle aussi paroissienne de Sainte-Marie. Les Gaffney étaient une famille dynamique et enthousiaste ; Mary Ann et le père McGivney avaient souvent eu de riches conversations spirituelles.

Hormis les attraits du mariage, une autre raison conduisit au déclin des Chevaliers rouges, animés par de bonnes intentions mais peu mobilisés : au début des années 1880, les membres avaient un vaste choix d'autres loges, d'autres « sociétés » auxquelles appartenir, la plupart desquelles s'intéressaient à des thèmes bien plus exotiques et offraient une dimension secrète bien plus prononcée. Une majorité d'entre elles exigeant de leurs membres des critères de moralité qui leur étaient propres, l'Église catholique ne pouvait les soutenir. Ce qui n'empêcha pas de nombreux catholiques d'intégrer ces groupes fraternels, désireux qu'ils étaient de ne pas se soustraire à la mode de leur époque ou à l'inclination de leurs propres cœurs.

La tension entre ces sociétés et les autorités religieuses était palpable dans de nombreuses villes américaines, mais elle éclata au grand jour à New Haven lors de l'enterrement d'un « Forestier », c'est-à-dire un membre de l'Ordre ancien des Forestiers, du nom de John Bernhardt, ingénieur dans une usine de margarine. Atteint d'une sérieuse infection des bronches, il s'était converti au catholicisme deux jours avant sa mort. Les derniers sacrements lui furent rendus par le père Schaele, un prêtre local d'origine allemande. Mais lorsque Bernhardt mourut, le père Schaele était en déplacement et c'est le père McGivney qui organisa l'enterrement à Sainte-Marie.

Au même moment, les camarades forestiers de Bernhardt préparaient leurs propres rites, qui devaient avoir lieu au pied du cercueil. La plupart des pasteurs protestants et certains prêtres catholiques autorisaient les groupes fraternels à prendre un moment pour se recueillir, soit lorsque le corps était exposé chez la famille du mort (les pompes funèbres n'existaient pas encore), soit à l'église, soit au cimetière.

Pour John Tibball, le « Ranger-en-chef » du cercle (ou club) local, rien que de très normal. « L'une des lois de notre Ordre, avait-il expliqué au journal *New Haven Union*, est que si le célébrant qui officie lors des funérailles de l'un de nos membres s'oppose à ce que nous effectuions nos rites chez le mort ou avant sa mise en terre, nous n'insistons pas. J'avais donc demandé à Mme Bernhardt de se renseigner pour savoir si le prêtre s'opposerait à ces rites, et elle était allée interroger le père McGivney, qui lui avait dit qu'il prendrait cela en considération et rendrait rapidement une décision. » Le lendemain, les Forestiers recevaient la réponse de McGivney : « Aucun autre rite que celui de l'Église ne sera autorisé. »

Le jour dit, une colonne de quelque quarante Forestiers arriva à Sainte-Marie, arborant les décorations officielles de la société secrète. « Lorsque tout le monde fut entré, rapporta Tibball, nous montâmes les marches en rang par deux. J'étais le premier. » À l'entrée de l'église, le sacristain de Sainte-Marie les arrêta, leur expliquant qu'il « avait ordre de ne laisser entrer personne qui portait les insignes d'une société secrète ». Pendant ce temps-là, le père McGivney accueillait les proches du défunt dans le vestibule tout proche. Il était évident que cette décision était la sienne. Le Ranger-en-chef Tibball tourna les talons.

Tibball mena ses Forestiers sous l'ombre d'un arbre où ils décidèrent de ne pas participer à l'enterrement du tout ; en tout cas pas sans leurs insignes. Ils décidèrent de faire chacun un don de 15 cents pour un pot commun afin d'acheter un fût de bière et de pouvoir honorer le défunt.

Aux yeux du père McGivney, il s'agissait d'un mauvais choix – non pas celui d'acheter à boire, mais plutôt celui de placer plus d'importance dans leurs insignes que dans le respect du choix de l'Église pour leur ami défunt. McGivney, lui, pensait simplement faire respecter la règle de l'Église selon laquelle il ne pouvait admettre de société civile qui n'était pas liée à elle.

« Si les Forestiers étaient venus sans leurs insignes, expliqua-t-il à un journaliste après l'enterrement, ils auraient été acceptés comme n'importe quelle autre personne présente. Ils ne pouvaient simplement pas entrer en portant leurs insignes. D'autres cercles de Forestiers se rendent ainsi à des enterrements sans les porter, afin d'éviter tout problème. »

Les Forestiers s'en plaignirent. « Je ne comprends pas pourquoi le prêtre s'y est opposé, confia l'un d'entre eux, John Rosinus. Je vois dans les journaux que l'évêque de Boston, Mgr Williams a conseillé aux catholiques, s'ils devaient devenir membres d'une société secrète, de devenir membres des Forestiers, et il a lancé un groupe de Forestiers catholiques dans son diocèse. Si c'est bien le cas, il me semble que le père McGivney est en tort. »

Ce fut pourtant le Ranger-en-chef John Tibball qui souligna le mieux les contradictions révélées par la décision du père McGivney lorsqu'il se plaignit au *New Haven Evening Register* :

« Nous sommes désolés pour Mme Bernhardt, mais nous ne voulons pas non plus dire quoi que ce soit contre le prêtre. Nous ne voyons simplement pas l'intérêt de sa décision, voilà tout. La moitié de nos membres environ sont catholiques, et quatre ou cinq de nos cercles ici sont aux quatre cinquièmes catholiques et irlandais. Nous n'avons pas de lien avec la religion. Je suis moi-même catholique, du moins non pratiquant, et je n'aurais aucune objection à la réaction du prêtre si nous étions une organisation religieuse. Reste que la religion et la politique sont des sujets bannis de nos cercles. »

Le père McGivney ne voulait justement pas que la religion soit un sujet banni dans la vie de ces catholiques, et certainement pas au sein de quelque chose d'aussi crucial à leurs yeux que leurs sociétés fraternelles.

Cet incident lors des funérailles de John Bernhardt illustrait le dilemme qui se présentait à l'Église à travers les États-Unis. L'« américanité », c'est-à-dire le degré auquel les catholiques américains pourraient ou voudraient s'imprégner des valeurs changeantes de ce jeune pays, allait devenir une question majeure des années 1880. Les catholiques américains luttaient pour concilier leur foi avec des facteurs aussi importants, dans la vie américaine, que la démocratie, l'immigration et la prévalence du capitalisme industriel. Sans surprise, le trait principal intrinsèque à ces trois grands thèmes était partagé par presque tous les Américains : une profonde insatisfaction face à l'état des choses.

Chaque Américain était un millionnaire en puissance, même s'il avait peu de chance de réellement le devenir et en cela, les Américains du XIXe siècle différaient largement de leurs contemporains européens et des catholiques d'autres régions du monde. Ils n'aimaient pas qu'on leur dise d'abandonner leurs rêves pour retourner à une sorte d'humilité qui n'était tout simplement pas dans le caractère américain.

Dans leur lutte grandissante contre les sociétés secrètes, certains prêtres choisissaient d'ignorer cet aspect impétueux du caractère américain, et ils empêchaient les membres de ces sociétés de poser le pied dans les églises avec leurs insignes. D'autres choisissaient d'ignorer les principes de l'Église en la matière et ouvraient leurs portes à tous, avec ou sans insignes. Le père McGivney, lui, refusait d'ignorer l'un ou l'autre aspect. Il savait que l'Église ne prenait pas toute la mesure du problème. Si c'était dans les sociétés secrètes qu'un catholique non pratiquant comme le Ranger-en-chef Tibball trouvait son seul sentiment d'appartenance, alors les deux étaient perdants, lui-même et l'Église.

Les membres de la SATL Saint-Joseph étaient, aux yeux du père McGivney, dans la meilleure position possible : ils n'étaient pas une société secrète, ils étaient liés à l'Église catholique et ils formaient un groupe très vivant de « frères » qui se retrouvait en dehors de la paroisse.

La SATL servit de laboratoire aux idées de McGivney sur la force de ce que le catholicisme avait à offrir pour répondre aux défis de la vie moderne : la solitude des populations immigrées ou déplacées, le réajustement du rôle de la famille face aux avancées technologiques qui remettaient en question l'organisation traditionnelle de la vie en groupe, la pression grandissante à juger de la valeur de quelqu'un sur le seul critère de l'aisance financière, la facilité d'accès à des alcools dont le prix était largement réduit par l'industrialisation des brasseries et des distilleries, et la tendance qu'avait cette société en transition à réduire les responsabilités des adultes pour qui il était bien plus facile de se soustraire à une obligation contrariante. La SATL en elle-même n'apportait pas de remède à ces maux grandissants, mais elle rendait l'Église plus présente dans la vie de ses membres.

Les générations précédentes de prêtres étaient restées cloîtrées à l'intérieur des limites de leur travail paroissial, mais des organisations comme celles qui promouvaient l'abstinence totale et qui se répandirent vers le milieu du siècle contribuèrent à les en sortir. Le père McGivney épousait cette nouvelle tendance, puisqu'il montait des pièces, négociait avec des gérants de théâtres, passait des contrats avec des costumiers et payait des imprimeurs. Il était lié à l'Église, mais pas limité par son lien avec elle comme avaient pu l'être, par choix, ses prédécesseurs. La SATL était rattachée à sa paroisse, mais avec un grand degré d'indépendance ; avec l'existence de ce groupe, il se sentait autorisé à penser que même un de ces groupes extérieurs à l'Église pouvait le soutenir dans sa mission de prêtre de paroisse. La SATL n'allait à l'encontre d'aucun enseignement de l'Église ; au contraire, elle les renforçait d'une autre manière. En assumant cette position, le père McGivney aurait pu être considéré comme un radical par ses aînés, qui ne pensaient pas qu'un prêtre de paroisse doive placer sa confiance dans un groupe extérieur à l'Église. Quant à lui, c'était désormais sa conviction.

Le succès rencontré par la SATL renforça naturellement l'importance de celle-ci sur la pensée du père McGivney. Cette expansion avait toutefois des limites très nettes. Son engagement en faveur de l'abstinence et son aspect ludique et concentré sur des jeux et activités pour la jeunesse en excluaient de fait un grand nombre d'hommes plus âgés.

Même si la SATL Saint-Joseph n'était pas la réponse à tous les problèmes qu'affrontait l'Église catholique dans les années 1880, elle ne pouvait pas faire de mal à New Haven. En 1880, la fête de la Saint-Patrick devait donner lieu à la représentation d'une pièce mettant en scène un domestique intrépide : *Pyke O'Callaghan ou le patriote de 1798*. Elle allait certainement attirer les foules, ne serait-ce que parce qu'elle était organisée au bénéfice de Sainte-Marie. La société, dans un mouvement d'optimisme, loua même la grande salle d'opéra locale, qui comptait deux mille sièges. Son président John Finnigan servit de producteur, mais puisque Billy Homer n'était plus sur place, la pièce avait besoin d'un metteur en scène et le choix se porta sur le père McGivney.

D'après ce que nous en savons, *Pyke O'Callaghan* fut la première mise en scène du père McGivney. Il prit même une décision courageuse que la liste des personnages permet de comprendre – Pyke, sir James Blackadder, Rufus le Rouge, l'informateur, miss Honor O'Callaghan et lady Broughton – il choisit des femmes pour jouer les rôles féminins.

Les productions plus ou moins grandes de la SATL Saint-Joseph n'avaient jamais auparavant inclus d'actrices. L'université de Yale restait fermement accrochée à l'idée que des hommes pouvaient jouer des rôles de femmes, mais le père McGivney décida que les productions théâtrales entièrement masculines n'avaient aucun sens. Il sélectionna des femmes dans les chorales des différentes églises de New Haven et leur demanda si elles voulaient chanter sur la grande scène d'opéra (la pièce était précédée d'une brève introduction chantée). Il avait une autre idée originale : choisir pour représenter le régiment britannique, qui entrerait en scène au cours de la pièce pour violenter Pyke et ses camarades irlandais, la troupe de la Garde de Sarsfield, dont les tenues seraient modifiées pour imiter celles de l'armée britannique, ce qu'il demanda à James Mullen.

Il y avait 1 800 spectateurs en ce 17 mars lorsque le rideau se leva sur *Pyke O'Callaghan*. Nous ne savons pas si le père McGivney était ce soir-là à la place traditionnellement dévolue aux metteurs en scène les soirs de première, c'est-à-dire malade aux toilettes. Il est plus probable qu'il ait continué à tout superviser depuis les coulisses et à régler les ultimes détails. Peut-être était-ce le meilleur endroit pour profiter du triomphe que reçut la pièce. Les acteurs furent acclamés et on leur demanda un rappel, pendant que les actrices recevaient panier de fleurs après panier de fleurs. Les quotidiens de New Haven publièrent même des revues du sensationnel *Pyke* et émirent l'hypothèse que de juteux bénéfices avaient dû être réalisés par la paroisse Sainte-Marie.

La SATL Saint-Joseph continua à organiser des événements pour collecter des fonds tout au long du printemps 1880. La plupart d'entre eux furent rapportés dans les colonnes du *Connecticut Catholic* qui admirait « les efforts incessants du jeune et chaleureux père McGivney. »

McGivney pouvait voir à quel point l'association était devenue puissante et en juin, il céda ses responsabilités de trésorier à l'un de ses membres. Quelques mois plus tard, La SATL Saint-Joseph eut maille à partir avec la critique, mais pas littéraire. Un anonyme écrivit au *Connecticut Catholic* que les activités organisées dans les cercles du groupe étaient « de nature à insulter la morale de la jeunesse catholique de la ville et à causer bien des scandales ». L'objet principal de cette critique semblait être la présence de jeunes femmes auprès des jeunes hommes lors des soirées littéraires pourtant bien chaperonnées du club, mais l'idée que l'association puisse être une « insulte à la morale de la jeunesse catholique » était certainement blessante. Les critiques étaient adressées pour l'essentiel à celui qui était responsable de l'organisation du groupe : le père Michael McGivney. Il ne fit aucun commentaire public, mais le rédacteur en chef du *Connecticut Catholic* répondit lui-même à ces critiques : « Il n'appartient pas à quelque laïc que ce soit de décider pour les autorités ecclésiastiques de leurs devoirs ou responsabilités. »

Le père McGivney n'avait pas cherché obtenir la moindre publicité par le biais de ses activités avec la SATL Saint-Joseph, mais il était effectivement devenu une figure publique. Les journaux évoquaient régulièrement sa popularité et son influence. Avec le succès de la SATL, qu'il mesurait à titre personnel par le nombre de jeunes hommes qui parvenaient à rester sobres de jour en jour, il était devenu une cible. Il l'accepta de bonne grâce, mais ce fut une leçon qu'il n'oublia pas. Il ne pouvait ignorer qu'au même moment, les hommes catholiques dans leur ensemble faisaient face à une véritable crise.

À New Haven, la mode des organisations fraternelles redoubla au début des années 1880. Certaines étaient créées puis dissoutes avant même d'avoir pu recruter de nouveaux membres. Un groupe qui se faisait appeler l'Association des Célibataires eut du mal à se lancer et changea de nom pour refléter sans fard la vérité: le Club des Amoureux éconduits. Le père McGivney était pour sa part plus méthodique dans le développement de ses propres plans. Constatant le fossé grandissant entre prêtres de paroisses et sociétés secrètes, il prenait conscience du besoin de créer un groupe fraternel destiné aux hommes catholiques. À l'automne 1881, il commença à prendre des mesures pour lancer cette organisation.

Ce qui rendait l'idée aussi extraordinaire était qu'elle venait de McGivney lui-même. Un membre du clergé défendait la création d'une organisation non-ecclésiale. Dans un diocèse moins ouvert, il n'aurait jamais osé suggérer un tel projet. Heureusement pour lui, le Connecticut de Mgr McMahon était suffisamment ouvert pour permettre l'éclosion de nouvelles idées, tant qu'elles étaient bénéfiques pour les catholiques. Dans certains cercles pourtant, l'idée qu'un prêtre se mêle d'affaires séculaires n'était pas bien vue. Au mieux, on le voyait comme une perte de temps; au pire, comme une invitation pour les catholiques à se soumettre au groupe en question plutôt qu'à l'Église elle-même. Le père McGivney, lui, ne faisait pas la distinction entre son travail en paroisse et la vie de la ville; au contraire, il pensait qu'un groupe extérieur comme celui auquel il songeait pourrait servir aux catholiques de complément plutôt que de remplacement à ce que proposait l'Église.

Il imaginait une organisation indépendante; pas exactement une société secrète, mais quelque chose s'en approchant. Une association contrôlée par des laïcs. Si les prêtres d'alors ne se mêlaient pas aux affaires de la cité, ils ne comptaient pas vraiment non plus sur les laïcs. Un prêtre était tenu d'observer une certaine retenue et la tradition suggérait que cette retenue était une forme d'élévation. En proposant un plan qui le ferait travailler à égalité avec des laïcs, Michael McGivney franchissait une barrière. En proposant que le cadre soit laïc et que des laïcs détiennent les clefs de l'association, son projet devenait révolutionnaire. Dans le calme Connecticut, cela ne fit aucune vague, du moins pas au début. Ses supérieurs ecclésiastiques jugeaient l'opportunité du projet à son créateur plutôt qu'à ses ramifications : Mgr McMahon et le père Lawlor admettaient qu'il était dans la nature du père McGivney d'évoluer en dehors des limites traditionnelles de l'Église, et ils étaient certains que tout projet porté par lui ne pouvait être que bénéfique pour les catholiques, sans quoi il n'y aurait pas songé.

C'était, dans l'esprit de McGivney, un genre nouveau d'organisation justifié par les exigences de son temps. L'objet de l'association, comme il l'écrivit plus tard, était « premièrement, de décourager les hommes d'intégrer des sociétés secrètes en offrant aux membres des avantages similaires, sinon meilleurs. Deuxièmement, d'unifier les hommes du diocèse d'Hartford dans notre foi, et de gagner par là en force pour *nous aider* mutuellement en cas de maladie, *nous assurer* un enterrement décent, et *assister* financièrement les familles des membres défunts. »

Il annonça une réunion préliminaire pour l'après-midi du dimanche 2 octobre 1881 afin de jauger de l'intérêt que pourrait susciter la création d'un pareil groupe. La réunion se tiendrait dans la crypte de l'église Sainte-Marie et serait ouverte aux hommes de toutes les paroisses. Il ne communiqua pas plus de détails. Pour l'heure, la seule certitude quant à l'organisation était que le père McGivney y était associé.

CHAPITRE 9
La solution de McGivney

William Geary et Cornelius Driscoll faisaient partie de ceux qui avaient l'intention de se rendre à cette réunion du début d'octobre 1881 à Sainte-Marie. Dans les mémoires communs qu'ils écrivirent ensemble mais ne publièrent jamais, ils donnèrent une description du père McGivney. « C'était un jeune prêtre, très apprécié de tous », écrivaient-ils, précisant que McGivney était particulièrement populaire « auprès des jeunes hommes les plus énergiques, dynamiques et entreprenants. Il était âgé d'environ vingt-sept ans et était d'allure modeste, pesant dans les soixante-dix kilos. Son sourire était captivant et sa sincérité touchait tous ceux dont il cherchait l'intérêt ou l'influence. »

Quatre-vingts hommes se présentèrent à la réunion, très largement grâce à la réputation du père McGivney. Avant la fin, un comité de douze d'entre eux avait déjà été choisi pour poser les fondations d'une nouvelle organisation destinée aux hommes catholiques : un groupe solidaire, fraternel, et solidement croyant. Lors d'une réunion suivante au cabinet de Cornelius Driscoll, James T. Mullen fut élu président, et McGivney, secrétaire général de l'association. Sans lui, tout aurait pu en rester là – un comité d'hommes dévoués mais très occupés. « Il prenait toujours conseil auprès des gens auxquels il s'associait, avec sérieux et une foi totale dans le succès du projet, écrivaient Driscoll et Geary, et il ne se contentait pas de la simple promesse qu'un sujet soit traité. »

Pour Michael McGivney, pareille insistance était nouvelle. Il avait longtemps été un solitaire plongé dans ses livres. Avec la SATL, il avait découvert sa propre capacité à diriger les autres, dont il tirait certes une partie de son statut de prêtre. Lorsqu'on est admiré, il n'est pas difficile d'en imposer. Mais dans le cas du père McGivney, l'essentiel de cette aptitude à diriger était inné. Il savait quand être ferme et quand lâcher du lest, quand imposer ses propres vues et quand se mettre en retrait. Il avait de bons réflexes, du moins pour diriger des ouvriers ou ses assistants à la SATL. Animer l'assemblée plus mûre d'avocats et d'hommes d'affaires assis dans le bureau de Driscoll était une autre affaire. Ils constituaient un groupe plus rétif. S'ils admettaient de bon cœur entre eux et en société que le père McGivney était un excellent meneur, ils ne faisaient pourtant pas acte immédiatement de ses suggestions.

Face à leur procrastination, Michael McGivney décida cet automne-là d'agir. Après avoir évité pendant des années ces groupes fraternels, il lui fallait soudain en devenir un expert. Et si une organisation catholique similaire à celle qu'il envisageait avait déjà été créée ailleurs, alors il n'y aurait pas besoin de recommencer à zéro. C'est avec cela à l'esprit qu'il se rendit à Boston en novembre pour rencontrer des membres de l'Ordre des Forestiers catholiques, une organisation montée avec la bénédiction de Mgr Williams. Les Forestiers catholiques semblaient bien organisés et McGivney revint de son périple avec l'intention d'en fonder un cercle local à New Haven. Quoi qu'il en soit, il lui faudrait approfondir le sujet pendant les mois suivants.

Les hommes qui se rendirent à la réunion de présentation à Sainte-Marie étaient conscients que le nouvel « Ordre » serait une association de solidarité, c'est-à-dire qu'elle offrirait une forme de compensation financière en cas de maladie ou de décès. Cela signifiait que le père McGivney devait aussi se renseigner en profondeur au sujet des assurances et en lire toutes les clauses, y compris celles, inévitables, en petits caractères. Heureusement, il était au bon endroit pour se plonger dans le sujet : bien que les premières compagnies d'assurances américaines aient été fondées (par Benjamin Franklin) à Philadelphie, le Connecticut avait pris les devants en matière de ventes et d'innovation au milieu du XIXe siècle. Des compagnies comme Connecticut General, Aetna, Connecticut Mutual et Travelers, toutes basées à Hartford, proposaient leurs polices d'assurance dans tout le pays.

Malgré toutes ces avancées, les membres de la classe ouvrière et de la classe moyenne – les « hommes du commun » comme les désignait le vocable de l'époque – évitaient en règle générale les assurances. En premier lieu, les scandales financiers à répétition effrayaient les clients potentiels; ensuite, les polices d'assurance-vie commercialisées étaient typiquement conçues pour les personnes possédant des biens substantiels. La plupart des travailleurs, cols blancs ou cols-bleus, se tournaient vers des associations ou des initiatives solidaires pour partager les risques de la vie.

Le père McGivney s'attaqua au défi d'organiser ce type d'association pour des hommes catholiques animés par la volonté d'entreprendre. Aucune tâche ne fut trop difficile, aucune lecture trop fastidieuse – et aucune de ses connaissances ne fut épargnée par son enthousiasme pour cette idée. Heureusement, son propre directeur spirituel, le père Lawlor, y était favorable. Dans l'esprit de McGivney, le club de New Haven ne serait pas une fin en soi, mais plutôt un modèle pour d'autres groupes du diocèse d'Hartford. Ce type d'ambition est bon et naturel pour un homme de vingt-neuf ans, mais réaliser son rêve signifiait y impliquer des dizaines d'autres prêtres, soit autant de qualités humaines supplémentaires.

Au début du mois de novembre, il écrivit à une longue liste de prêtres du Connecticut pour les informer qu'à New Haven, un comité s'intéressait à la création d'un groupe fraternel catholique. Ce fut à cette époque-là qu'il apprit que le père Thomas Walsh, prêtre à Meriden, ne pensait pas le plus grand bien de cette initiative. À cinquante-sept ans, Walsh était le prêtre le plus âgé du diocèse. Il était aussi le curé de la plus grande paroisse de Meriden, Sainte-Rose, mais il était surtout le vicaire général du diocèse d'Hartford, une position qui faisait de lui la deuxième autorité ecclésiastique, juste après Mgr McMahon. Le père Walsh, qui par le passé s'était montré indulgent envers les membres des sociétés secrètes qui souhaitaient arborer leurs insignes dans son église, avait récemment adopté une ligne plus dure vis-à-vis de toutes ces sociétés, catholiques ou non. Le père McGivney ne faisait aucun mystère de ses idées lorsqu'il était en compagnie des autres prêtres, mais il se faisait discret en présence du père Walsh.

En novembre 1881, McGivney semblait n'avoir aucun moment pour se reposer. Ses papiers, livres et lettres sous le bras, il rendait visite aux autres membres du comité pour compléter la phase préparatoire de la création de l'association, passant en revue tous les détails. Lorsqu'il rentrait chez lui, il posait ses papiers au presbytère, juste à temps pour se consacrer à ses obligations spirituelles. Il célébra neuf mariages et six baptêmes dans le mois. Comme s'il fallait respecter son emploi du temps chargé, les paroissiens demeuraient en bonne santé, et il n'y eut pas d'enterrements.

Le mois de décembre ne fut pas aussi facile. Edward Downes Sr. mourut, laissant un grand vide dans la communauté des catholiques irlandais. « Mr. Downes était l'un des hommes d'affaires les plus éminents et les plus populaires, et avec cela un catholique sincère et pieux », écrivit le *Connecticut Catholic* dans son éloge funèbre. Le père McGivney, qui était resté proche de la famille, en savait un peu plus : Downes, le papetier le plus connu de la ville, était effectivement un personnage populaire et de premier plan, mais il était au bord de la faillite. McGivney célébra la messe d'enterrement et consola la famille, mais il ne s'arrêta pas là.

Josephine Downes, l'ancienne organiste de Sainte-Marie, était désormais novice au couvent du Mont-Saint-Joseph à Hartford. Edward Junior était au séminaire à Sainte-Marie de Baltimore, l'*alma mater* de McGivney. Les autres enfants vivaient à la maison avec leur mère, et certains d'entre eux se couchèrent le soir de l'enterrement en se demandant s'ils devraient bientôt la quitter.

À la fin du XIXe siècle, une veuve qui se retrouvait dans la position de Catherine Downes pouvait s'attendre à rejoindre les rangs des pauvres. Moins de 5 % des femmes mariées avaient un travail salarié, et celles qui étaient dans ce cas ne recevaient en moyenne que 46 % du salaire d'un homme. New Haven avait assez de contribuables et de bonnes âmes pour offrir une assistance temporaire à ses pauvres mais il n'existait pas à l'époque de service administratif qui leur assure un soutien continu.

Comme cela se faisait couramment à son époque, madame Downes devrait rapidement trouver du travail, et ceux de ses enfants qui ne pourraient pas travailler seraient envoyés à l'orphelinat. Le père McGivney entreprit donc de l'aider afin qu'on n'en arrive pas là. La première étape du plan était malheureusement de demander à Edward Junior d'abandonner ses études au séminaire.

La prêtrise était une vocation qui impliquait généralement un soutien, si ce n'est un sacrifice, de la famille tout entière, et celle d'Edward ne pouvait offrir ni l'un, ni l'autre. Bien au contraire : il lui fallait retourner à la maison et s'occuper de la papeterie familiale avec sa sœur Mary. Josephine resta au couvent, essentiellement parce qu'il ne lui restait plus qu'une année avant de prononcer ses vœux définitifs. Elle avait par ailleurs une santé médiocre et des problèmes respiratoires chroniques. Personne ne savait comment elle survivrait en dehors du calme du couvent.

Le problème le plus pressant qui se présentait à madame Downes était de prouver au tribunal qu'elle pouvait assurer la charge de son fils Alfred encore adolescent et qu'il ne deviendrait pas un fardeau pour les finances publiques. Le juge demanderait pour cela l'engagement écrit de deux garants et la famille se tourna vers le père McGivney pour demander son aide. McGivney était entièrement acquis à leur cause. Il savait qu'Alfred rêvait d'aller à l'université. Concrètement, un prêtre qui servait dans une paroisse endettée à hauteur de 165 000 $ savait exactement lesquels de ses paroissiens avaient de l'argent. Il pourrait réussir à trouver des garants.

Pendant cette épreuve, McGivney continua à collecter des renseignements pour la création de la nouvelle association. Lors d'une visite à New Haven, Mgr McMahon prit le temps d'écouter le père McGivney et une petite délégation de laïcs détailler leurs plans. Sœur Dolores Liptak écrivit dans son histoire du diocèse d'Hartford qu'ils « gagnèrent la permission implicite de Mgr McMahon de former une société fraternelle qui pourrait dépasser les limites de sa paroisse d'origine afin de mieux assister d'autres catholiques. »

À la mi-janvier 1882, McGivney visita Brooklyn, où avait été fondée en septembre de l'année précédente la Ligue de solidarité catholique (*Catholic Benevolent League*). La Ligue offrait des primes d'assurance-vie, des indemnités maladies et des « programmes pour l'amélioration sociale et intellectuelle. »

La LSC était une création admirable, mais d'une nature trop aride pour espérer concurrencer la fascination exercée par les sociétés secrètes. Le père McGivney n'était pas non plus très impressionné par les indemnités maladies qu'elle proposait. Pour faire bonne mesure, il retourna à Boston et rendit une seconde visite aux Forestiers catholiques.

À son retour – il était tombé assez malade entre-temps – il s'estima satisfait par les Forestiers catholiques et il écrivit à leur secrétaire général Michael Edmonds une lettre formelle sollicitant la création d'un cercle à New Haven. À son plus grand étonnement, la demande fut rejetée.

Edmonds fit une référence assez molle à la charte des Forestiers catholiques en mentionnant qu'il ne lui était théoriquement permis d'opérer que dans l'État du Massachusetts (règle qu'il aurait été assez aisé de modifier). En réalité, les responsables des Forestiers n'étaient tout simplement pas prêts à superviser des groupes locaux trop éloignés géographiquement.

La Ligue de solidarité catholique, d'un autre côté, était toute prête à s'étendre dans le Connecticut, d'après un reportage paru dans le *Connecticut Catholic*. Le 2 février, le comité des hommes de New Haven se réunit encore. Leur intérêt était encore assez prononcé et il n'y avait que deux absents. Le père McGivney leur décrivit ses visites à Brooklyn et Boston, en omettant le fait qu'il était tombé malade d'un mauvais rhume à Boston. Ensuite, selon les minutes de la réunion, « il recommanda de ne pas s'affilier à la LSC, et expliqua aussi que l'Ordre des Forestiers catholiques ne pouvait pas nous accepter avec nos polices d'assurance car elles étaient trop risquées. À la fin de son exposé, une motion fut proposée et immédiatement adoptée pour "créer une organisation totalement nouvelle". »

Le père McGivney s'était préparé à cette éventualité et avait préparé un ordre du jour dont le premier point était de donner un nom à cette organisation. Certains des membres présents aimaient l'idée d'un « Ordre des Forestiers catholiques du Connecticut » qui leur épargnerait bien des explications futures, puisque tout le monde connaissait les ordres de Forestiers, catholiques ou non. Pour le père McGivney, c'était bien là le problème : pareil nom serait chargé de connotations. Une « organisation totalement nouvelle » devrait plutôt avoir sa propre identité dès le départ. Il attendit d'abord d'avoir entendu ce que pensaient les uns et les autres, qui lui montrèrent qu'ils avaient leurs propres priorités.

Pour Geary et Driscoll, « les titres des officiers des Forestiers, d'après ce que les membres du comité ont pu en apprendre par des sources diverses, ne leur plaisait pas ». Ils ne voulaient pas être connus sous les noms de « Ranger Bill » et « Ranger Cornelius ».

Il y avait une autre raison, plus importante aux yeux du père McGivney, de ne pas emprunter cette appellation de « Forestiers catholiques » : elle les aurait éloignés d'une de leurs raisons d'être. « Bien que l'association ne soit censée être composée que d'hommes catholiques, expliquaient Geary et Driscoll dans leurs souvenirs de cette réunion du 2 février, les membres du comité pensaient que l'adjectif "catholique" laisserait à penser que l'organisation était sous le contrôle de l'Église et qu'elle ne pourrait pas maintenir ce nom à l'avenir. » Cette recommandation poussa McGivney à abandonner définitivement l'appellation. À ses yeux, il fallait que l'association soit lancée au plus vite, même en n'ayant au départ que ses douze membres fondateurs, et ce sans aucune limite à sa croissance future.

McGivney attendit que la conversation s'éteigne. C'est là, pendant cette accalmie, après toutes les propositions de noms qui avaient suivi le rejet unanime de l'appellation d'« Ordre des Forestiers Catholiques du Connecticut » qu'il proposa à son tour un nom : les « Fils de Colomb. »

Christophe Colomb étant d'origine italienne, proposer son nom à une assemblée composée entièrement d'Américains d'origine irlandaise était assez audacieux. Mis à part le père McGivney, les présents se nommaient Carroll, Colwell, Driscoll, Geary, Healy, Kerrigan, McMahon, Mullen et O'Connor… Et pourtant, ils réalisèrent tous immédiatement le génie de cette idée. Malgré le climat anticatholique qui régnait dans l'Amérique de la fin du XIXe siècle, Christophe Colomb était considéré comme un héros national.

Quelques années auparavant, le *Connecticut Catholic* avait publié un éditorial en première page pour souligner l'importance historique de l'explorateur :

> Bien qu'il soit possible, et que nous croyons qu'il est vrai que les Vikings aient établi des colonies au Groënland et en Nouvelle-Angleterre aux IXe et Xe siècles, cela ne diminue pas d'un iota la gloire et le mérite de Christophe Colomb. En tant que catholiques américains, nous ne connaissons personne qui mérite notre respectueux souvenir plus que ce grand et noble homme – le pieux, zélé et fidèle catholique – le navigateur entreprenant, le marin au grand cœur, Christophe Colomb – le porteur de la Colombe du Christ, comme son nom l'indique.

Dans le climat des années 1880, le nom de Christophe Colomb affirmait que l'organisation de New Haven serait loyale aux États-Unis; car c'était là un point de doute constant, quoiqu'infondé, qui pesait sur les catholiques. Le nom encouragerait en même temps tous les catholiques à devenir membres. Le Connecticut abritait déjà de nombreux Allemands et Québécois catholiques, et de plus en plus d'Italiens débarquaient à leur suite. Leur assimilation était l'un des défis les plus pressants qui s'offraient à Mgr McMahon, qui se battait contre l'idée que le catholicisme au Connecticut était seulement irlandais. Un nom qui ne contenait aucune référence gaélique était certain de lui plaire et de l'aider dans ses efforts.

Il n'y avait qu'un problème avec le nom que suggérait McGivney: « Fils ». Chaque membre du comité fondateur, et *a fortiori* chaque homme, était déjà de fait un fils. Mais le mouvement des fraternités s'appuyait aussi sur les aspirations, et même sur les rêves de chacun de ses membres. James Mullen suggéra immédiatement que l'expression « Chevaliers » pourrait être une meilleure appellation. Il n'y avait rien de particulièrement original à ce titre de « chevalier » car le monde autour d'eux en regorgeait: Chevaliers de Pythias, de Saint-Patrick, des Macchabées, Chevaliers Templiers et Chevaliers de l'Honneur. Après tout, quel homme ne voudrait pas être un chevalier, avec ou sans armure? C'était un symbole universel de virilité; mais ce n'était pas seulement le terme lui-même qui enthousiasmait James Mullen.

« M. Mullen, se rappelait Daniel Colwell, qui était présent ce jour-là, amenda [le terme suggéré par McGivney] et le transforma en “Chevaliers de Colomb”, en insistant avec force sur le fait que si nous avions l’intention d’être une société à succès, il nous faudrait au moins avoir une forme de rituel et que c’était ce qui maintiendrait l’unité entre les membres. »

D’après les minutes de la réunion, « il fut décidé et acquis que la société serait connue sous le nom de “Chevaliers de Colomb du Connecticut”. »

Le comité passa ensuite directement au point suivant de l’ordre du jour : « il fut proposé et voté que nous créions une société pourvue de rituels. »

Michael McGivney n’était pas particulièrement intéressé par l’aspect rituel de l’organisation – les degrés hiérarchiques, la conception des insignes, la chorégraphie des cérémonies – mais selon les autres membres du comité, c’était un aspect essentiel des groupes fraternels. James Mullen se porta volontaire pour régler les détails hiérarchiques, ainsi que les cérémonies et l’usage des mots de passe. Sans des cérémonies convaincantes, les membres n’auraient pas l’impression d’être privilégiés en intégrant les Chevaliers de Colomb. Le père McGivney coopéra donc avec les autres membres du comité pour la création des aspects secrets de la nouvelle association. Une fois que Mullen et les autres eurent réglé les détails de ce type, depuis le titre du secrétaire général de l’association, qui serait appelé « Chevalier suprême », jusqu’à la symbolique des rites, McGivney exprima l’opinion que « les titres, etc., étaient de fait un peu excessifs. » Il était cependant intraitable sur le fait que les Chevaliers devaient opérer en bonne intelligence avec l’Église, bien que l’organisation en soit techniquement séparée. Selon Geary et Driscoll, « le père McGivney conseilla de présenter à l’évêque du diocèse, Mgr Lawrence S. McMahon, tous les rituels et aspects secrets de la société. »

Pour ne pas perdre de temps, les membres de la toute jeune association organisèrent une réunion le 6 février à Sainte-Marie. Ce jour-là, le père McGivney avait commencé sa journée en s’attaquant aux quelque trente centimètres de neige fraîche déposés par le ciel hivernal et croisé ceux qui étaient censés déblayer les trottoirs. La réunion occupait ses pensées sans les monopoliser. Ce n’était même pas l’événement le plus important qui l’attendait ce jour-là : il y avait le baptême d'un bébé du nom de Carol Cullen, et c'était le jour de l'audience qui déterminerait quelle tutelle légale pèserait sur Alfred Downes. McGivney avait arrangé la possibilité d'être son garant principal, par le biais d'une garantie financière. Grâce à cette intervention, la famille Downes avait pu demeurer unie. Le père McGivney s'était familiarisé avec ce type de procédure juridique au cours des recherches qu'il avait effectuées pour créer son association de solidarité. Il était devenu un homme assez différent de ce qu'il avait été à la sortie du séminaire. Il avait désormais une solide connaissance du système juridique et des notions pratiques de commerce, et il avait commencé à apprendre les nuances de la communication. À ses yeux, être un prêtre ne devait pas l'empêcher de participer à la vie du monde, bien au contraire et, dans un cas comme celui-ci, il se sentait obligé d'apparaître devant le tribunal des successions.

McGivney retourna au presbytère après l'audience, ayant à peine le temps de dîner avant que des hommes ne commencent à descendre Hillhouse Avenue en direction de Sainte-Marie. Il fut ravi de constater qu'ils étaient soixante-quinze à avoir renoncé au confort de leur fauteuil pour braver les températures glaciales et se rendre à la réunion.

Les journaux commençaient eux aussi à s'intéresser au groupe, mais le père McGivney réalisa dès le départ que la publicité était à double tranchant. Les faits rapportés dans le *Morning Journal* étaient a minima mais finalement assez justes : « La première réunion des candidats à l'adhésion à l'organisation catholique connue sous le nom de Chevaliers de Colomb s'est tenue lundi soir à l'église Sainte-Marie. »

L'*Evening Register*, quant à lui, rapporta faussement la tenue d'une « réunion préliminaire de l'Ordre des Forestiers catholiques lundi soir. » Le journal aurait d'autant moins dû faire l'erreur que le rédacteur en chef de son édition du soir était John J. Splain, co-équipier du père McGivney dans l'équipe de base-ball du séminaire de Notre-Dame-des-Anges. L'un des journalistes employés par Splain était le jeune Stephen Maher, ancien élève de l'université Saint-Charles du Maryland où il avait étudié dans l'espoir d'entrer au séminaire. Une fois son diplôme en poche, il avait changé de projet et était parti travailler pour l'*Evening Register*. Maher se rendit à la réunion à Sainte-Marie et décida même de rejoindre les Chevaliers de Colomb mais, malgré son enthousiasme, il ne réussit pas à se souvenir de leur nom lorsqu'il rendit son article.

Le printemps commença tôt à New Haven, dès le début du mois de mars. On voyait les étudiantes de la faculté des Beaux-Arts de Yale et leurs chevalets partout en ville, dessinant qui un vieux marché au poisson, qui un vieux magasin de textiles ou un coucher de soleil sur le port. Autre signe du changement de saison : les entraînements de base-ball reprenaient.

Ce changement de météo redoubla la volonté du père McGivney, comme si le temps manquait. À la réunion du 1er mars, il « recommanda avec insistance à tous les comités qui avaient du travail de sortir de leur torpeur afin que tout soit rapidement en état de marche. »

Comme McGivney en fit part lors de la réunion, il avait déjà écrit une circulaire qui avait été envoyée à toutes les paroisses du diocèse. Il continuerait à en envoyer chaque mois. Ses mots ne se contentent pas de décrire le groupe mais montrent bien que sa priorité était d'ordre pratique :

> L'aide à laquelle la famille d'un membre décédé pourra prétendre dépendra du degré de contribution du membre concerné au fonds d'attribution. Ce fonds proposera trois niveaux d'allocations : cinq cents dollars pour les contributeurs de premier niveau, mille pour les contributeurs de deuxième niveau et mille cinq cents pour les contributeurs de troisième niveau. Le coût du déblocage des fonds en cas de décès sera de cinquante cents pour le premier niveau, d'un dollar pour le deuxième niveau et d'un dollar cinquante pour le troisième niveau.
>
> En plus de ce fonds, il existera un Fonds d'Indemnités Maladie, duquel il sera possible d'effectuer un retrait plafonné à cinq dollars par semaine pendant treize semaines maximum, puis pour un montant à déterminer par le Conseil d'appartenance du membre, pour d'éventuelles semaines supplémentaires si la maladie venait à se prolonger. Le Fonds sera ouvert aux membres à jour de leurs obligations et cotisations.

> Les âges d'admission courent de dix-huit à cinquante ans.
>
> La nécessité d'une telle organisation se constate immédiatement dès que l'on jette un regard aux registres des diverses sociétés secrètes de l'État. Le nombre d'hommes catholiques qui en sont déjà membres ou qui les rejoignent sans cesse est très grand et l'absence d'une organisation comme celle que nous avons mise en place a largement contribué à ce triste état de fait.

Grâce à la façon dont McGivney avait organisé ces assurances, il était possible à presque tout un chacun d'y avoir accès. Son indemnité maladie de cinq dollars par semaine couvrait l'équivalent de 63 % des revenus moyens d'un homme dans la trentaine ou la quarantaine. Toujours selon les mêmes moyennes, la tranche supérieure de subvention en cas de décès, d'un montant de 1 500 $, correspondait à quatre années de revenus environ et représentait 200 $ de plus que le prix moyen d'une maison dans les années 1880. Pareil système de soutien financier aurait changé la situation du tout au tout pour Catherine Downes et de nombreuses autres veuves qui se retrouvaient dans des situations identiques.

Le jour de la Saint-Patrick, le père McGivney joua encore le rôle de metteur en scène de la pièce, ou plutôt du magnifique spectacle présenté par la SATL Saint-Joseph. Dans sa forme évoluée, la production incluait des scènes de vaudeville jouées avant et après la pièce elle-même. Selon certaines sources, le père McGivney avait même un rôle parlant. Il présida en tout cas le banquet offert pour les membres de la SATL Saint-Joseph et les jeunes femmes qui avaient été invitées. Parmi les autres convives se trouvaient, probablement pas par hasard, les membres d'un cercle similaire venus de la ville de Meriden. Naturellement, la conversation tourna autour de la création des Chevaliers de Colomb et les hommes du groupe de Meriden rentrèrent chez eux pleinement informés des objectifs de cette nouvelle association.

Le 29 mars, une assemblée de l'État du Connecticut reconnut formellement les Chevaliers de Colomb et leur charte. Trois jours plus tard, les premiers membres furent initiés lors d'une cérémonie qui se tint à l'église Sainte-Marie. Les noms étaient ceux du premier cercle qui entourait le père McGivney : Cornelius Driscoll, James T. Mullen, William Sellwood, Edward Downes Junior, John Finnegan, etc. Une fois les Chevaliers bien établis, le cercle pourrait continuer à s'agrandir autour du père McGivney.

CHAPITRE 10

TRISTE NUIT À ANSONIA

Malgré toute l'activité et la popularité de Michael McGivney, le prêtre était encore loin d'être la personnalité la plus célèbre de New Haven en ce printemps 1882. Ni lui ni personne ne recevait même un dixième de l'attention qui était accordée à James « Chip » Smith.

À Noël, deux ans plus tôt, Smith était un chômeur de vingt et un ans qui vivait avec ses parents et sa petite sœur dans la ville d'Ansonia, à environ 8 km à l'ouest de New Haven. Daniel Hayes, le chef de la police locale, le considérait comme un voyou, quoique plutôt inoffensif. Ce Noël-là était particulièrement difficile pour Hayes, qui avait un enfant de 4 ans gravement malade à la maison. Le 28 décembre, le policier était pourtant dehors, à patrouiller comme à son habitude. Ce soir-là, Chip Smith était saoul. Il faisait d'ailleurs la fête avec le frère de Hayes et causait des troubles à l'ordre public en tirant au pistolet près d'un saloon. Lorsque le père de Chip Smith l'apprit, il demanda à Dan Hayes de retrouver son fils et de l'interpeller. Le chef Hayes trouva Smith seul devant le théâtre de la rue principale d'Ansonia, essaya de lui passer les menottes, mais sans y parvenir. Alors que l'altercation tournait à la lutte, Smith déclara à Hayes qu'il se laisserait arrêter si ce dernier le lâchait. Hayes le relâcha tout en dégainant son revolver dans le même mouvement. Un instant plus tard, Smith avait aussi dégainé le sien. Un coup partit.

« Je suis touché » grogna Hayes en s'accrochant à Smith pour l'empêcher de s'échapper. Une foule s'attroupa, mais personne ne vint à l'aide de Hayes. Le chef de la police finit par appeler à son aide l'un des passants, qu'il connaissait. Alors qu'ils essayaient tous les deux de maîtriser Smith, ce dernier continuait à presser la queue de détente de son arme déchargée qui cliquetait dans le vide. Dès que Smith fut écroué, on emmena Hayes dans une maison voisine où l'on constata la gravité de ses blessures. Il mourut quelques heures plus tard. En apprenant la nouvelle, sa femme entra en état de choc. Le lendemain, leur enfant mourait à son tour.

Smith ne semblait pas affecté le moins du monde. Lors de son inculpation le jour suivant, il avait conservé la même attitude de défi. Le premier témoin interrogé par le juge raconta l'affrontement. Quand le juge demanda à Smith s'il voulait être représenté par un avocat, ce dernier lui répondit : « Non, pas besoin. » Le juge lui demanda alors s'il voulait interroger lui-même le témoin. « Non, je n'ai aucune envie de lui demander quoi que ce soit, dit Smith. Il raconte un paquet de mensonges.

— Absolument pas, rétorqua le témoin.

— Si, tu mens ! répliqua Smith. Tu n'étais pas là quand j'ai été arrêté. »

Lors du procès qui se tint à New Haven en avril suivant, Smith se présenta finalement avec un bon avocat qui n'avait malheureusement pas eu beaucoup de temps pour préparer le dossier. De nombreuses personnes remarquèrent que Smith ne changea presque pas d'expression durant le procès. « Il n'est peut-être pas assez instruit pour réaliser le danger qui pèse sur sa vie » suggéra un greffier. Le verdict fut rendu : Chip Smith était reconnu coupable de meurtre et la sentence était la mort.

Tout New Haven avait appris à connaître Smith au cours du fameux procès. D'après son propre avocat, il était d'une capacité intellectuelle limitée, un peu simple d'esprit ou légèrement fou. Quel qu'ait été son véritable état, le père McGivney s'en était déjà fait une idée.

McGivney était un visiteur régulier de la prison de New Haven où il offrait son soutien spirituel aux prisonniers et il trouva en Chip Smith un être en grand besoin. Il lui rendait visite dans sa cellule – une double cellule qu'un geôlier bienveillant lui avait aménagée. L'ambiance de la prison locale de New Haven était détendue, du moins par rapport à celle d'autres prisons dans le pays, et malgré la gravité des accusations qui pesaient sur lui, Smith n'y fut pas maltraité. Ses amis d'Ansonia lui envoyèrent des cadeaux pour lui remonter le moral, y compris un canari en guise de compagnie. Le canari chantait joyeusement dans sa cage près de la porte, insensible aux émotions qui l'entouraient. Smith avait accroché au mur des photographies de ses geôliers et même de leurs enfants. Il avait aussi des photos de lui et il lui arrivait de fixer longuement les unes ou les autres avant de faire les cent pas dans sa cellule.

Pendant plus d'un an, le père McGivney fut son directeur spirituel et l'aida à se rapprocher de l'Église et de la foi dans laquelle il était né et qu'il avait très tôt abjurée. Pendant cette période, il régnait une grande incertitude sur le destin de Smith car des demandes visant à faire appel de sa condamnation étaient régulièrement déposées au tribunal.

L'affaire était intéressante: Smith soutenait que le coup qui avait mortellement blessé Hayes avait été tiré par le revolver de ce dernier. Bien sûr, presque tous les prisonniers protestent de leur innocence, mais Smith plaçait son espoir sur un autre point: dans le Connecticut, la définition juridique du meurtre reposait en partie sur la préméditation et, dans ce cas, Smith semblait bien n'avoir rien prémédité du tout. Après tout, c'était Hayes qui était venu à lui et pas l'inverse. En se fondant sur cette définition, son avocat défendit l'idée que le verdict devait être revu et la sentence réduite à la prison à vie. Lorsqu'il fut apparent que l'appel avait une chance d'aboutir, Smith confia à un journaliste qu'il était terrifié à l'idée d'être pendu.

Un officier de police avait tout de même été abattu et pour cette raison les juges pouvaient difficilement faire preuve de clémence envers Chip Smith. Son appel fut donc rejeté. En mars 1882, ses soutiens tentèrent de faire commuer sa peine devant l'assemblée de l'État du Connecticut. Le 15 du mois, l'assemblée traita la requête. Ce jour-là, le père McGivney était occupé par d'heureuses affaires: il présidait aux répétitions du spectacle paroissial de Saint-Joseph et passait en revue les derniers détails de la formation des Chevaliers de Colomb. Le matin suivant, les journaux rapportèrent d'Hartford, la capitale de l'État, que l'assemblée avait rejeté la commutation de peine de Smith « à un très grand nombre de voix. »

La date de l'exécution fut arrêtée au 5 mai puis repoussée par d'autres motions déposées par l'avocat de Smith, dont la vie était de plus en plus détachée de la réalité, son espoir d'un aménagement de peine lui étant donné puis repris. Il n'avait qu'une seule source constante d'espoir : « Le père McGivney me rend visite très souvent, expliquait-il à un journaliste du *New Haven Union* au cours de l'été, et je pense le plus grand bien de lui. »

Peu de gens connaissaient le travail qu'effectuait le père McGivney auprès de Smith, mais de plus en plus de personnes entendaient parler de son lien avec les Chevaliers de Colomb. Driscoll et Geary se souvinrent que dans les premiers temps, McGivney les avait prévenus : « Nous rencontrerons beaucoup d'obstacles et de rebuffades mais avec l'aide de Dieu, nous ne faillirons pas. »

McGivney avait raison : il y eut des obstacles. La seule surprise vint de la provenance de l'opposition au projet. Ce ne furent ni les anticatholiques locaux, ni d'ailleurs les catholiques les plus réactionnaires. Les critiques au vitriol livrées contre l'association vinrent de l'intérieur, et les fondateurs livrèrent un long et fatigant combat les uns contre les autres. L'un des hommes pris entre tous ces feux était William Geary lui-même. Il n'est donc sans doute pas surprenant qu'il ait été l'un des premiers à souffrir des conséquences de cette lutte fratricide.

À la fin du mois d'avril, Geary rata une des marches du coche dans lequel il était en train de monter, glissa, tomba et se brisa la jambe au-dessus de la cheville. Le médecin qui lui posa une attelle estima qu'il devrait tenir le lit pendant huit semaines. Les Chevaliers de Colomb étaient encore en formation et il ne pouvait donc pas encore bénéficier de leur système d'indemnités maladie ; il n'y avait pas encore assez de membres pour mettre pareil système en place. Et tant que les fondateurs ne cessaient pas de se disputer, il n'y aurait pas d'augmentation significative des effectifs et donc pas de fonds suffisants. Cela étant, Geary serait au moins épargné de ces polémiques pendant quelque temps.

Le rôle du père McGivney était d'aider les fondateurs à ne pas perdre de vue leur objectif en s'opposant sur les insignes et les couleurs et de vérifier que chacun prenait sa part d'efforts. À titre personnel, il était consterné par leurs mauvaises appréhensions des priorités. À la fin du mois d'avril, une plus saine occupation lui offrit un peu de distraction : la longue kermesse annuelle de la paroisse Sainte-Marie.

Ce n'était pas le seul loisir de New Haven en cette période : la même semaine démarraient une exposition de nains célèbres, « le Général et Madame Tom Pouce » et une comédie musicale très populaire, *Penikeese*, écrite par David Hillhouse Buel, un ami de Yale du père McGivney. Le titre complet de la pièce était *Penikeese, ou Cupidon et la cuisine*. Modelée sur les opérettes de Gilbert et Sullivan et truffée de références humoristiques à la culture locale, elle avait dépassé le simple cadre estudiantin pour être désormais présentée professionnellement à New Haven. Bien que Buel soit très admiré et soit devenu une vedette locale, l'attention que recevait la pièce n'avait pourtant aucune influence sur l'amitié qu'il avait pour son vieil ami McGivney. Il se rendait toujours à la messe à Sainte-Marie pour écouter les homélies de son ami prêtre.

Malgré la concurrence qui lui était donc portée, la kermesse de Sainte-Marie reçut beaucoup de visiteurs. Ce fut aussi pour Michael McGivney l'occasion de retrouvailles avec son vieil ami le Dr. Carmody à qui il fit faire une visite de la kermesse. Plus tard, un autre de ses amis lui rendit visite : le père Foley de Brooklyn, qu'il avait connu à Notre-Dame-des-Anges.

Un autre de leurs camarades de classe de Niagara était en ville pendant les premières semaines de la kermesse : James Splain, le meilleur ami du père McGivney là-bas, qui séjournait chez ses parents à New Haven. Le père de Splain, prénommé James lui aussi, était un ouvrier, mais sa femme et lui avaient réussi à envoyer leurs enfants à l'université, dont ils étaient presque tous sortis diplômés. John Splain était le rédacteur en chef de l'édition nocturne de l'*Evening Register*. Comme John, James fils avait lui aussi renoncé à la prêtrise après l'université, choisissant de poursuivre des études de médecine à New York. Sa générosité innée, son inépuisable humour et certainement aussi ses compétences professionnelles lui avaient permis de fonder un cabinet reconnu à New Haven à la fin des années 1870, au moment où le père McGivney arrivait à Sainte-Marie. Le Dr. Splain avait cependant une sœur à San Francisco et ce qu'il avait entendu à propos de la ville le décida à y déménager en 1880. Il y fonda un autre cabinet qui crût rapidement, mais ne dura pas.

Splain dut tout laisser derrière lui et retourner chez ses parents à New Haven lorsqu'il contracta la tuberculose. Il n'était pas en assez bonne santé pour visiter la kermesse de Sainte-Marie, mais lui et McGivney renouèrent leur amitié dès qu'il fut de retour en ville.

Le lundi 22 mai, la kermesse prit fin. Elle avait rapporté 440 $ de bénéfices qui seraient consacrés au remboursement de la dette de la paroisse. Le samedi de la même semaine, Splain père travaillait sur un chantier de rénovation avec une équipe ; chargé de déblayer des gravats d'une cave, il était debout sur le tas lorsque le mur qui le surplombait céda et s'effondra sur lui. Le père McGivney fut immédiatement appelé et se rendit précipitamment sur place, arrivant juste à temps pour administrer les derniers sacrements.

L'année, qui avait commencé sous de si bons auspices, tournait à un printemps particulièrement sombre. Le père Lawlor n'était pas bien portant, et la plupart de ses tâches étaient laissées au père McGivney, qui se retrouvait dans une position similaire à celle de son premier été à Sainte-Marie, lorsque Murphy, fatigué par le souci qu'il se faisait pour les dettes de la paroisse, avait été trop malade pour remplir ses obligations. Le père Lawlor était victime du même stress écrasant.

En plus de tout cela, le nombre des membres des Chevaliers de Colomb s'était arrêté à vingt-sept, bien en deçà des objectifs initiaux et certainement bien loin de pouvoir assurer à ses membres les avantages espérés. Au début du mois de juin, McGivney écrivit à Michael Edmonds, secrétaire général de l'Ordre des Forestiers catholiques, qui avait exprimé un intérêt aimable pour les activités du groupe du Connecticut. McGivney commença par demander pardon pour le délai de sa réponse ; il semblait coutumier du fait. « L'Ordre que j'ai essayé de fonder s'est presque éteint mais il n'est pas encore mort, commença-t-il par admettre, et je ne voulais pas vous écrire sans pouvoir vous faire part de nos éventuels succès. » McGivney imputait leur retard au fait d'être tombé malade à Boston en janvier ; cela aurait peut-être pu expliquer des retards dans les premiers jours, mais pas pendant plusieurs mois. Force lui était de reconnaître que ses qualités de meneur d'hommes étaient pour l'instant sans effet sur la motivation des hommes qui constituaient le cœur des Chevaliers de Colomb. Il arrive que, même pour les grands généraux, il n'y ait rien d'autre à faire que d'attendre que quelque chose se passe, qu'une opportunité d'agir s'offre à eux – et en attendant, de veiller à ce que le groupe ne se désintègre pas. McGivney était frustré, certainement perplexe, et même consterné, mais il n'était pas encore pessimiste. « Nos débuts sont extrêmement lents, poursuivait-il, mais je crois que lorsque notre règlement aura été établi, nous avancerons plus rapidement. » À la mi-juin, dans un geste un peu désespéré, il demanda à Stephen Maher de publier une pique dans l'*Evening Register* : « L'objet de cette association, concluait-il après en avoir listé les responsables, est de promouvoir les principes d'unité et de charité, pour que ses membres aient assez de force pour en faire preuve les uns avec les autres... pour plus d'informations, s'adresser au révérend père M. J. McGivney qui recevra toutes les candidatures. »

Le père McGivney n'avait pas pris de vacances depuis son arrivée à la paroisse Sainte-Marie quatre ans plus tôt. Il renouvelait ses forces par la prière quotidienne et grâce aux retraites qui avaient, avec grande sagesse, été rendues obligatoires pour tous les prêtres du diocèse. Sans ces occasions de retrouver de la force, un prêtre se serait épuisé en un rien de temps. Hormis ces moments de répit, McGivney avait peu de chances de connaître une vraie coupure au cours de l'été 1882. Pour compenser les sombres et difficiles moments pendant lesquels il prêtait assistance aux âmes en peine, il y avait au moins quelques pique-niques auxquels il pouvait assister. À part pour deux d'entre eux, qu'il avait organisés lui-même, il pouvait s'y détendre dans l'herbe et regarder jouer les amateurs de base-ball ou danser avec les pique-niqueurs durant tout l'après-midi. Mais au début du mois d'août, lui et le père Lawlor prêchèrent très fermement à l'encontre de la mode des soirées dansantes sans chaperons, organisées le plus souvent la nuit. Le père McGivney qui, plus que tout autre, aimait l'idée que les jeunes gens puissent s'amuser, ne se sentait pas du tout obligé de faire œuvre de modernité au sujet de pareils rendez-vous. « Beaucoup trop de nos jeunes hommes catholiques participent à ces pique-niques l'après-midi et le soir et il en résulte beaucoup de mal, déclara-t-il selon un résumé qui fut fait de ses propos. S'ils veulent s'amuser, pourquoi ne pas se rendre aux pique-niques de paroisse qui leur procureront des plaisirs innocents et où leur argent sera mis à contribution pour des fins bonnes et utiles ? »

L'été se déroula pour le père McGivney comme pour tout le reste de New Haven, sous le spectre de l'exécution imminente de Chip Smith, qui avait été fixée au vendredi 1er septembre. Le père et les religieuses du couvent des Sœurs de la Miséricorde le visitaient quotidiennement.

Pendant la dernière semaine d'août, le gouverneur du Connecticut fit clairement entendre qu'il n'accorderait pas de pardon. L'exécution aurait bien lieu.

À l'intérieur de la prison, Chip Smith, qu'on avait accueilli avec humanité dans les premiers temps, était désormais devenu le favori. Si étrange que cela puisse paraître, il était adoré de ses geôliers. Quand il était sobre, c'était un homme d'une nature extrêmement douce. Malheureusement, comme le confirmèrent des amis de la famille, c'était bien la première fois qu'il vivait loin des brumes de l'alcool, une faute qui venait de lui ou de son père. Mais sa transformation était bien plus profonde que la simple et apparente reconquête de lui-même. Un journaliste de l'*Evening Register* lui rendit visite lors de la dernière semaine de sa vie :

> Pendant l'office à la prison du comté, on peut observer un air de solennité inhabituel chez les participants. L'homme qui semble le moins atteint par l'exécution qui se tiendra vendredi est Smith lui-même. Il a vécu une transformation ces dernières semaines qui le rendrait méconnaissable aux yeux de ceux qui le connaissaient comme l'un des spécimens les plus violents parmi les violents d'Ansonia ou qui l'ont vu au tribunal, le visage éteint et sans expression, apparemment dénué d'intelligence. Le ministère spirituel du père McGivney et des Sœurs de la Miséricorde lui a donné cette pleine consolation que confère une foi religieuse forte et sincère. Il a récemment fait preuve d'une joie et d'une contenance bien plus animées qu'aucun autre phénomène ne peut expliquer.

Bien que la foi du père McGivney ait été très forte, le long chemin d'accompagnement qu'il avait effectué auprès de Chip Smith l'avait épuisé. On attendait de lui qu'il soit aux côtés de ce dernier pendant toute la journée du 1er septembre, et il doutait parfois d'y parvenir. Les tâches les plus sombres peuvent rebuter même les hommes les mieux préparés.

Le dimanche précédant l'exécution, il célébra une messe pour Chip Smith. Son homélie, un éloge funèbre prononcé en avance, parlait de Smith et du drame dans lequel il avait été plongé. Parmi les participants se trouvaient des membres de la société civile ainsi que d'autres prisonniers et des proches de Smith venus d'Ansonia. Lorsqu'il leur demanda pour lui-même des prières de soutien, sa voix étranglée émut jusqu'aux larmes ceux qui le connaissaient et qui avaient l'habitude de l'entendre rire ou faire des grands plans pour l'avenir. Les réflexions de McGivney ce jour-là furent rapportées par un journaliste qui nota que la voix du prêtre était « brisée par l'émotion » alors qu'il s'adressait aux participants :

> Nous sommes réunis ce matin pour une occasion solennelle. Cette messe est dite expressément pour un seul individu. Compte tenu des circonstances, je ne dirai que quelques mots et ne retiendrai votre attention que pour quelques instants, afin que nous consacrions le plus de temps possible à celui que nous venons de mentionner. M. Smith me demande de solliciter pour lui le pardon pour toutes ses fautes ainsi que pour toutes les offenses qu'il pourrait avoir commises et à sa demande je sollicite vos prières afin que vendredi prochain il meure d'une sainte mort. Si je vous disais qu'il n'est plus attaché à la vie, je ne ferais que le citer. Pareille acceptation de sa part montre qu'il est prêt pour ce qui l'attendra dans quelques jours. Je suis certain que vous offrirez tous une fervente prière au trône de la grâce divine pour que Dieu nous fortifie et nous prépare pour l'exercice de l'affreux devoir auquel il nous sera demandé de nous soumettre avant que sonne la même heure dimanche prochain.
>
> Pour moi, ce devoir est d'un poids écrasant. Si mon devoir se trouvait loin d'ici vendredi prochain, alors j'échapperais à ce qui sera peut-être la pire épreuve de ma vie, mais la

> Providence a placé cette triste obligation sur mon chemin et je dois la remplir. Et si nous recevons bien vos prières, alors M. Smith et moi-même serons armés de la puissance suprême à l'heure de notre grand jugement. Je demande une fois de plus pardon pour tout ce dont il a pu se rendre coupable. Il pardonne à tous du plus profond de son cœur et je vous demande le secours de vos prières pour qu'il soit pleinement préparé à une mort joyeuse.

Le père McGivney passa une bonne partie de ses journées avec Smith lors de cette dernière semaine. Personne n'était admis dans sa cellule sans l'autorisation expresse du prêtre. Tard dans l'après-midi, la veille de la pendaison, la mère et la sœur de Smith vinrent lui dire au revoir une dernière fois. Lorsqu'elles repartirent, écrasées par le chagrin, « le père McGivney lui-même s'effondra », selon un journaliste de l'*Union*. McGivney quitta la prison juste avant minuit. Le mot y circula qu'après cela, le condamné dormit « aussi paisiblement et calmement qu'un enfant. »

Le matin suivant, Smith fut réveillé par l'agent de police Daniel Colwell (qui était aussi l'un des membres fondateurs des Chevaliers de Colomb). Smith remercia Colwell pour sa gentillesse et lui promit de se souvenir de lui lorsqu'il serait au paradis. Le père McGivney arriva peu après, salua chaleureusement Smith et se retira avec lui dans une autre pièce pour célébrer la messe. À dix heures et demie, ils étaient sur la potence. Le père McGivney fut décrit comme « recueilli mais calme », lisant des prières à Chip Smith qui les répétait à mi-voix. Ensuite, l'exécution eut lieu.

Smith fit don de ses biens, dont de nombreux objets pieux, à ses amis et à sa famille. Au père McGivney, qui lui avait rendu l'espérance, il léguait « la plante qui fleurit maintenant dans ma cellule. » Plus que cela, il offrait au père McGivney les mots qu'il avait dits à sa mère, la veille de la pendaison. En la voyant prise de pleurs incontrôlables, il s'était exclamé : « Maman, ne pleure pas pour moi ! Je serai bientôt dans un endroit meilleur. Imagine si j'avais été tué cette nuit-là et si j'étais mort sans avoir le temps de m'y préparer ; imagine à quel point la situation serait pire que celle-ci. J'ai demandé à Dieu de me pardonner mes péchés et je crois que je mourrai d'une mort paisible. » Que Smith ait pu atteindre ce stade, après avoir été si éloigné de la foi, on le devait au prêtre qui s'était tenu à ses côtés et qui accomplissait là l'essence même du travail de chaque prêtre de paroisse.

CHAPITRE 11

URGENCE ET INERTIE

« Le père McGivney mit un certain temps à se remettre de cette épreuve », rapportent Cornelius Driscoll et William Geary au sujet de l'exécution de Chip Smith. À l'âge de trente ans, McGivney avait désespérément besoin de repos, mais sans pouvoir en trouver le temps. L'inertie dans laquelle se trouvaient les Chevaliers de Colomb lui pesait constamment. Il avait mis au service de l'association tout ce qu'il pouvait, de son engagement auprès de l'Église à sa compréhension intime de l'état financier très fragile de nombreuses familles.

Plusieurs de ses collègues prêtres désapprouvaient néanmoins l'existence de cette nouvelle organisation. Aux yeux de certains, l'idée que le vicaire d'une des paroisses les plus endettées du diocèse rêve de mettre en place une gigantesque organisation financière ne pouvait que manifester une ambition arriviste. La simple idée qu'il puisse présider une association qui s'étende à un État tout entier, ce qui ferait de lui *de facto* un second évêque, avec sa propre base et son propre pouvoir, rendait ses collègues les plus suspicieux ouvertement méfiants vis-à-vis de lui et de ses projets grandiloquents. Ceux qui connaissaient le père McGivney savaient pourtant que ses ambitions étaient entièrement désintéressées. Le père Lawlor et Mgr McMahon soutenaient fermement ses efforts pour développer les Chevaliers de Colomb. Pourtant, même leurs encouragements représentaient un poids : la pensée de trahir leur confiance par un échec angoissait le père McGivney alors que cette année 1882 arrivait à son terme et que les Chevaliers ne montraient toujours aucun signe de progrès.

Chaque jour, McGivney se trouvait face à des familles dont les problèmes auraient pu être évités avec le soutien d'un système comme celui proposé par les Chevaliers de Colomb. Plus le système demeurait invisible, voire complètement illusoire, moins ces familles pouvaient nourrir d'espoirs.

« À New Haven de nos jours, on ne compte plus les enfants d'origine irlandaise qui ont besoin d'aide morale et physique. Des centaines de jeunes Irlandais, garçons et filles, sont en train de grandir parmi nous dans une pauvreté abjecte, dans la saleté, la misère et le crime par manque d'aide et de sympathie », écrivait un article de l'époque. Les Chevaliers de Colomb ne pouvaient pas apporter une solution à chaque cas particulier mais cette toute nouvelle organisation était la meilleure réponse du père McGivney aux scènes dont il était chaque jour témoin. Ce serait son arme contre la menace de pauvreté imminente qui pesait sur les familles endeuillées.

Au début du mois de septembre, l'organisation s'engouffra dans une mauvaise direction, au point que les tensions déjà palpables avant faillirent faire exploser le groupe. Pour le moment, le conseil d'administration (le Conseil suprême) et l'unique chapitre, celui de New Haven, se confondaient à peu près totalement, direction incluse. Le chapitre de New Haven (ou « Conseil ») s'était donné le nom de San Salvador, du nom de la première île du Nouveau Monde atteinte par Christophe Colomb.

Tous les Chevaliers étaient des amis personnels du père McGivney – du moins le croyait-il. L'un de ceux dont il était particulièrement proche était Michael Curran, qui dirigeait les seules pompes funèbres de la ville et exerçait la charge de trésorier de ces Chevaliers en difficulté.

Interrogée à ce sujet, la fille de Curran, qui connaissait la plupart des fondateurs des Chevaliers de Colomb, témoigne de cette frustration qu'ils éprouvaient tous face à la stagnation du groupe en cette année 1882. Elle mentionne plus précisément le cas de Bart Healy, un employé de magasin de trente ans qui avait fait partie des douze membres fondateurs. « Lors de l'une des réunions, rapportait-elle, après une dispute, Bart Healy déclara qu'il ne connaissait aucune association qui puisse prospérer avec un prêtre à sa tête. Ce soir-là, Healy et quelques autres se retirèrent purement et simplement de l'association. » Ils déclarèrent tout bonnement qu'ils démissionnaient et quittèrent le groupe. Le moment n'aurait pas pu être plus mal choisi pour une attaque personnelle contre Michael McGivney, qui était encore épuisé par son été et ces derniers mois d'épreuve vécus aux côtés de Chip Smith.

D'après Jane Curran, « le lendemain, le père McGivney voulut démissionner lui aussi, puisqu'il ne semblait pas être une bonne influence ou un atout utile à l'Ordre ». Michael Curran et sa femme, quant à eux, étaient furieux contre Healy. Ils ne le furent pas moins lorsque celui-ci et ceux qui l'avaient suivi dans sa démission décidèrent rapidement de réintégrer les rangs de l'association. Pour le père McGivney, cependant, leur retour suffisait à régler le problème. Les Chevaliers de Colomb étaient l'œuvre la plus chère à son cœur, et il n'avait pas d'autre issue que d'essayer de garder le groupe soudé et d'aller de l'avant.

Au cours du mois de septembre, plusieurs réunions furent organisées pour parer aux difficultés de recrutement. Geary et Driscoll rapportèrent que : « Bien que de nombreux hommes qui auraient pu remplir les critères aient été sollicités pour rejoindre le Conseil San Salvador, aucun d'entre eux n'avait accepté. L'intérêt pour le groupe commençait à décliner à tel point que, lors d'une réunion du Conseil qui eut lieu en septembre, six mois après l'institution de l'Ordre, un comité fut formé par le Grand Chevalier pour co-diriger le groupe avec le Ranger-en-chef de l'Ordre des Forestiers anciens, afin que les membres de Conseil se transforment en un cercle de Forestiers. Si cela aboutissait, leur charte serait abolie. »

Pour le père McGivney, il n'y aurait pas eu pire. L'Ordre des Forestiers anciens n'était pas l'Ordre des Forestiers *catholiques*, cette société secrète du Massachusetts qui avait déjà rejeté le groupe de New Haven. C'était un groupe sans affiliation apparente, qui, aux yeux de l'Église, offrait une sorte de refuge neutre aux hommes de toutes religions et confessions. Du point de vue de McGivney, cela n'apporterait rien de meilleur dans la vie de ses membres catholiques et pourrait même diminuer leur foi.

Peut-être était-il trop extrême dans son rejet des Forestiers. Il ne s'agissait dans le fond que d'une association masculine à laquelle un fonds de solidarité était rattaché. Mais selon lui, ce qui en faisait un élément nocif dans la vie des laïcs catholiques tenait avant tout à ce que cette organisation n'était pas : une source de soutien continu qui permettrait aux hommes de rester au contact constant de la famille ; la leur d'une part, et la Sainte Famille d'autre part. Les Forestiers catholiques, et *a fortiori* les Chevaliers de Colomb, cherchaient à donner aux hommes une place claire dans l'univers toujours mouvant de la vie moderne. Adhérer aux Chevaliers transformait un homme en héros – non pas par l'exaltation de l'esprit pionnier, de la chasse, de la trappe ou du bûcheronnage, signes de la capacité d'un homme à subvenir aux besoins de sa famille ; les Chevaliers n'avaient aucun fantasme sur leur mission. Malheureusement, lors de la réunion de septembre, les votes ne suivirent pas les recommandations du père McGivney au sujet du possible accompagnement de l'organisation par une autre société secrète.

Un comité de trois membres avait exploré la possibilité de réorganiser les Chevaliers de Colomb en groupe affilié aux Forestiers. À la fin du mois de septembre et au début du mois d'octobre, McGivney attendit leur rapport avec appréhension. Il semblait être le seul à avoir conscience de tout ce qui pouvait être perdu.

C'est alors que les Forestiers, sa bête noire, lui rendirent le meilleur des services. Voici ce qu'écrivent Geary et Driscoll : « Le comité rendit ses conclusions un dimanche après-midi et ses membres expliquèrent qu'ils avaient abordé avec le Ranger-en-Chef la possibilité de former un nouveau groupe de Forestiers composé des membres du Conseil San Salvador. Le Ranger-en-Chef refusa leur proposition. »

Il rejeta complètement la possibilité que les Chevaliers puissent adhérer à l'un des quatre groupes de Forestiers existants de New Haven. Les Chevaliers qui s'étaient réunis pour écouter ces conclusions n'étaient pas idiots et il leur parut tout de suite évident que la raison de ce refus était qu'ils étaient tous catholiques. (Il faut reconnaître en toute honnêteté aux Forestiers le fait qu'ils voulaient probablement éviter que leurs groupes soient restreints à une affiliation religieuse particulière, qu'il s'agisse de la religion catholique, du protestantisme presbytérien, du baptisme ou du judaïsme).

Reste que pour un catholique vivant aux États-Unis à la fin du XIXe siècle, tout refus opposé pour un motif religieux était perçu comme une discrimination. Cette annonce fut particulièrement douloureuse, surtout pour ceux qui étaient déterminés à prouver leur valeur dans un pays encore très largement protestant. Même les protestants dont les représentants avisés ne pouvaient ignorer que le nombre de catholiques grandissait considérablement. En 1830, ils étaient 318 000 aux États-Unis, environ 3 % de la population. En 1870, leur nombre s'élevait à 3 555 000 et doubla pendant la décennie suivante. En 1880, ils représentaient 12 % de la population.

Ils soupçonnaient que le sentiment anticatholique qui s'était exprimé à travers les vendettas des années 1850 et le mouvement *Know Nothing* était encore bien présent, caché derrière un mince paravent de bonne volonté. Même dans l'atmosphère plus progressiste de 1880, une publication aussi respectée que l'*International Review* arguait que les catholiques, fidèles à leurs enseignements, étaient enclins à adopter des comportements amoraux si cela pouvait leur procurer quelque avantage : les soldats déserteraient pour aller se confesser ; les médecins se rendraient coupables de fraude, etc. « Il est clair que ces enseignements ne sont pas en accord avec la vision américaine de la morale chrétienne. » De pareils articles étaient courants, tout comme les idées fausses sur la religion catholique et ses fidèles. L'*Unitarian Review* faisait un peu plus attention aux faits, mais elle donnait libre cours à ses préjugés lorsqu'elle suggérait que « les prêtres les plus ouverts comprendront le choc, ou du moins le poids, qu'ont fait peser depuis cinquante ans les membres de l'Église de Rome sur les populations d'origine anglaise de Nouvelle-Angleterre en les envahissant. »

Qu'ils se soient exprimés ouvertement ou pas, les sentiments anticatholiques étaient courants et acceptés en 1880, et les hommes qui se réunirent pour fonder le groupe imaginé par le père McGivney les connaissaient bien et savaient quelle souffrance ils pouvaient causer. C'est dans ce contexte de préjugés que McGivney avait fait appel aux catholiques les plus brillants de New Haven et ils avaient discrètement fondé leur groupe en partie pour répondre à ce contexte.

Après avoir accusé le coup du rejet de leur candidature lors de leur réunion d'octobre, les seize hommes qui s'étaient réunis pour écouter le compte rendu de leurs échanges avec les Forestiers changèrent soudainement d'opinion. Ils se réunirent tous autour du père McGivney, un peu comme de petits enfants qui revenaient après une fugue. Geary et Driscoll se souviendraient de l'état d'esprit des membres du comité après la fin de la réunion : « Nous ne renoncerons pas à notre Charte. Nous n'humilierons ni notre fondateur [Michael McGivney], ni ses associés. »

Les Chevaliers quittèrent la réunion, déterminés à sauver l'association… mais l'ambiance changea très rapidement. Cornelius Driscoll venait d'accepter le poste prestigieux de directeur des services juridiques de ville de New Haven. William Geary s'apprêtait à ouvrir un nouveau magasin en centre-ville. Et James Mullen venait de se fiancer. Les membres fondateurs étaient comme toujours très pris et il n'y eut aucune avancée à la fin de l'année 1882.

En octobre, le père McGivney, comme bien d'autres à New Haven, lut un rapport largement relayé sur la pauvreté infantile du comté qui environnait la ville. Commandé par les services du gouverneur et rédigé par un professeur de la Yale Divinity School nommé Wight, il concluait que deux causes majeures expliquaient la situation critique des enfants pauvres.

Dans toutes les villes du comté, écrivait Wight en citant spécifiquement New Haven et Meriden, « on trouve de nombreuses veuves qui ont entre trois et neuf enfants chacune, et qui luttent pour subvenir à leurs propres besoins et à ceux de leurs enfants. (…) La concurrence est trop forte, les salaires trop faibles et le travail manuel trop insuffisant pour permettre à ces femmes de protéger leurs familles contre la souffrance, et ce d'autant plus qu'elles sont sans éducation. »

S'adressant directement au gouverneur, Wight affirmait : « Trouver des solutions pour soulager ces familles, voilà, il me semble, un problème que doit régler votre commission. » Le père McGivney savait pertinemment que les Chevaliers de Colomb pouvaient apporter leur propre réponse, même si elle n'était pas encore opérationnelle. Un programme gouvernemental ne réglerait que partiellement les choses, puisqu'il ne traiterait que leur aspect matériel. « La nourriture et le logement, écrivait Wight en parlant des établissements institutionnels pour les enfants pauvres, sauveront un enfant de la mort physique, mais les influences de la pauvreté se feront sentir sur sa fierté et sur son ambition ; chez les plus pauvres et les déclassés, elle n'existe que sous forme d'espérance. Sans ces forces pour l'encourager à agir, l'être humain est spirituellement mort. » C'était précisément pour cela que Michael McGivney avait conçu ses Chevaliers : il s'agissait bien plus que d'une simple organisation de solidarité.

La deuxième conclusion de Wight aurait aussi bien pu être celle de McGivney. Le professeur poursuivait :

> Un autre grand malheur porté à ma connaissance, qui frappe particulièrement les villes, est l'abandon des enfants par leur père. Dans l'une de ces villes, cela représente un sixième des cas constatés. L'homme qui donne la vie à des enfants innocents est responsable devant Dieu et les hommes de leur éducation, à un âge qui leur permet d'apprendre l'autonomie, et le père qui abandonne sa famille doit rendre des comptes au grand public et il faut lui faire sentir que son geste est coupable.

Selon le rapport Wight, le problème de la pauvreté infantile était largement imputable aux pères. Soit ils mouraient, ce qui n'était généralement pas de leur faute, soit ils abandonnaient leurs familles – ce qui dans certains cas pouvait ne pas l'être non plus, s'ils n'avaient jamais eu de modèles eux-mêmes. De nombreux hommes, comme le père McGivney le savait très bien, avaient beaucoup à apprendre sur le rôle d'époux et de père. Mais le temps passait et ces problèmes n'étaient pas seulement des chiffres et des statistiques : c'étaient de véritables gens qui frappaient à sa porte pour lui demander de l'aide.

Pendant les derniers mois de l'année 1882, il continua à travailler pour les Chevaliers de Colomb et bien sûr à Sainte-Marie. La grande nouvelle de l'automne, à la paroisse, était le retour de l'organiste Thomas Fitzgerald qui s'était remis de son coup de folie. À la fin de l'automne, le père Lawlor fut alité, atteint de problèmes pulmonaires sévères. Une fois remis, il apparut plus frêle que jamais, marchant à pas lents comme un vieillard.

James Splain se sentait de mieux en mieux depuis son retour à New Haven et sa compagnie réjouissait le père McGivney. À vrai dire, la plupart des amis de Splain oublièrent même qu'il avait été malade et commencèrent à se demander quand il se remettrait à exercer la médecine. Splain, probablement, savait que la reprise de son activité était très utopique, se sachant intérieurement fragile et soumis à la récidive. Au cours de l'hiver, il fit une rechute de tuberculose et il fut confiné dans une pièce de la maison familiale. Le père McGivney était « constamment à ses côtés », s'efforçant de lui remonter le moral, comme Splain l'avait fait pour lui à Notre-Dame-des-Anges. Au début du mois de mars, Splain était « à l'agonie », rapporta la presse ; le samedi 10, alors que les cloches sonnaient midi, il mourut. « Chaleureux, toujours sociable et de bonne compagnie, doté d'un esprit qui brillait même aux heures de sa maladie, il se faisait des amis partout où il allait », put-on lire dans le *New Haven Morning Journal and Courier*. Le père McGivney célébra son enterrement. Il y évoqua le souvenir de son remarquable ami avec une grande émotion.

La tuberculose était l'une des principales causes de mortalité à la fin du XIXe siècle. Jusqu'en 1882, l'année avant la mort de Splain, personne ne savait vraiment ce qui la causait, ni le fait qu'elle se répandait par voie aérienne à chaque fois qu'un malade toussait. Ce que les gens connaissaient en revanche, c'était le nom des amis qu'elle avait emportés. Dans le Connecticut, elle causait deux fois plus de morts que la deuxième cause de mortalité la plus répandue : la pneumonie. La tuberculose pouvait frapper n'importe qui mais emportait le plus souvent les jeunes et les adultes, surtout les plus fatigués ou les plus nerveux.

Après la tuberculose et la pneumonie, qui au XIXe siècles était souvent associée à l'alcoolisme, les autres causes principales de mortalité étaient la mort naturelle, le choléra et les maladies cardiaques – et elles pouvaient frapper à tout moment, y compris ceux qui semblaient au sommet de leur forme. C'est à ce type de situation que le père McGivney était confronté chaque jour et, pendant ce temps, Driscoll, Mullen, Geary, Colwell et les autres Chevaliers laissèrent passer une année entière. Ils avaient de plus pressantes affaires à traiter.

En janvier 1883, un ouvrier du nom de Michael Moran quitta son travail à la rotonde de l'entreprise Consolidated Railroad avec une douleur lancinante au côté. Il avait reçu des soins pour ses problèmes cardiaques, mais ne pensait pas qu'il y ait un lien avec sa douleur. En arrivant chez lui, il dit à sa femme qu'il souhaitait se reposer. Il mourut le lendemain d'une insuffisance cardiaque. Sa femme lui survivait, avec quatre enfants à charge et aucun revenu.

En février, une veuve du nom d'Ann Moran (sans lien avec Michael) tentait encore de survivre avec son bébé d'un an, dans une pauvreté totale, sans aucun revenu si ce n'est la minuscule pension que la ville lui versait par charité. Son bébé mourut de faim un dimanche matin. Un médecin passa la voir peu après pour signer un certificat de décès. Le lundi, seule, la mère amena le corps du petit enfant au cimetière catholique. Elle n'avait ni d'argent pour un cercueil, ni pour payer la mise en terre. Néanmoins, le sacristain eut pitié d'elle et enterra le corps.

CHAPITRE 12

LA FOI À MERIDEN

Il est difficile de comprendre ce qui se passait à Sainte-Marie au début du printemps 1883.

La mauvaise nouvelle du nouveau départ brutal de l'organiste Thomas Fitzgerald, à mesure que le père McGivney y pensait, n'était peut-être pas si terrible que cela. Sur un de ces coups de folie dont il était capable, Fitzgerald n'avait informé personne de son départ ; il était monté à bord d'un train en disant qu'il avait trouvé du travail dans une autre ville dont il n'avait même pas pris la peine de préciser le nom.

À l'inverse, le souhait qu'on aurait pu accueillir avec beaucoup de joie d'un groupe d'hommes de la ville de Meriden de créer un groupe de Chevaliers de Colomb, ne paraissait plus tellement aussi réjouissant, maintenant que l'enthousiasme initial était retombé. McGivney s'était créé un problème en s'improvisant communiquant, car il ne savait plus quoi répondre aux gens de Meriden qui avaient entendu parler d'une nouvelle association catholique dans un article du *Boston Pilot*, un hebdomadaire dont le lectorat se composait essentiellement de catholiques et d'Irlando-Américains de Nouvelle-Angleterre. Il n'avait pas nécessairement envie d'avouer que les Chevaliers de Colomb se trouvaient encore en difficulté. D'un autre côté, Meriden était sur le territoire du père Thomas Walsh qui avait fait connaître dans le diocèse sa position sur les sociétés secrètes, et désapprouvait l'idée selon laquelle on devait combattre celles qui étaient œcuméniques en créant des structures concurrentes catholiques. Même si le père McGivney avait été en mesure d'envoyer des informations détaillées sur la formation d'une nouvelle branche de l'association, il redoutait de réveiller la colère du père Walsh. Walsh était comparable à West

Peak, la montagne qui surplombait la ville : immuables tous les deux, ils surveillaient tout ce qui se passait à Meriden.

L'un des postulants de Meriden était un homme du nom de George O'Connor, qui écrivit son propre résumé de ses efforts initiaux en 1895. Ainsi décrit-il la situation telle qu'il la vécut, dans son style rustique :

> À cette époque [au début de 1883] deux hommes de Meriden Geo O'Connor et P.J. Ford se lamentaient dans une conversation de la situation dans laquelle se trouvaient les leurs au décès du Pater Familias. Dépendants de la charité du monde extérieur. P. J Ford mentionna alors à Geo O'Connor qu'il avait lu un article dans le *Boston Pilot* parlant d'un prêtre qui essayait de mettre en place une association qui verserait mille dollars à la mort de ses membres. Geo O'Connor demanda à P.J. Ford d'aller chercher l'article, ce qu'il fit et d'écrire à New Haven pour obtenir les détails.

Quand le père McGivney reçut la lettre de Ford, il fut surpris et ravi de la situation, du moins au départ. Il envoya une réponse qui montrait que sa foi dans la nouvelle association était plus forte que jamais :

> Étant absent hier, je n'ai pu répondre plus tôt. Je suis heureux de savoir que les jeunes catholiques de Meriden ne sont pas en reste quand il s'agit de s'occuper d'eux-mêmes. Je joins à cette lettre une copie de nos règlements. J'espère qu'après les avoir compulsés vous déciderez de former un groupe à Meriden.
>
> Vous verrez que quand nous serons bien établis dans le diocèse nous pourrons concurrencer les sociétés secrètes et amener nos frères catholiques à vivre leur foi sans danger et à profiter de tous les avantages qu'offrent ces sociétés afin de les inciter à les rejoindre. Quand vous me répondrez, indiquez-moi s'il vous plaît la date à laquelle vous avez lu la notice d'information sur notre association

> dans le *Pilot.* Quand vous aurez lu les règlements et que vous m'aurez répondu, je vous donnerai toutes les informations nécessaires pour former un groupe à Meriden.

La lettre du père McGivney galvanisa les hommes de Meriden. Comme l'écrivit O'Connor, « la Constution [*sic*] et tous les Papiers ont été lus par Geo O'Connor. Après cela, un homme proposa d'inviter les officiers des Chevaliers de Colomb de New Haven à Meriden pour leur expliquer le fonctionnement, parce que, selon lui, seul un avocat de Philadelphie [*sic*] était en mesure de comprendre ces aspects juridiques. »

Toujours selon O'Connor : « Il y avait un blocage pour nous. On aurait dit que ceux de New Haven étaient dans une léthargie dont on ne pouvait les sortir. » P. J. Ford continua à envoyer des lettres et des télégrammes à McGivney et aux autres Chevaliers de Colomb de New Haven. À chaque fois, il se tournait vers O'Connor pour se faire fournir le papier et payer l'envoi ; Ford ne payait que l'encre. Cela énervait prodigieusement O'Connor, mais la création d'une organisation révèle toujours les traits de caractère les plus agaçants de tous ceux qui s'y impliquent. Ce qui échauffait plus que tout les potentiels Chevaliers de Meriden était le fait de ne recevoir aucune réponse de Michael McGivney. Ils étaient partis du principe qu'après leur notice publiée dans le *Boston Pilot*, il serait enthousiasmé par leur intérêt pour son association. À leur grande frustration, McGivney semblait plutôt éviter le sujet. Ce n'était pourtant pas sa propre volonté : il était coincé dans une impasse diplomatique qui menaçait l'existence même des Chevaliers de Colomb s'il commettait une erreur d'appréciation.

P. J. Ford écrivit finalement au père McGivney le 17 avril en mentionnant le fait que le groupe de Meriden était en train d'examiner la possibilité de rejoindre l'Ordre des Forestiers anciens. Ce fut suffisant pour que McGivney leur réponde le jour même – par deux lettres. Il expliqua le délai dans sa correspondance :

> Votre courrier, que j'ai reçu ce matin, m'a causé à la fois beaucoup de joie et de peine. Joie à la pensée que vous soyez si impatients de former un groupe, et peine à constater que vous envisagiez de vous joindre aux Forestiers

> [*sic*], ce que, je l'espère, vous ne ferez jamais. Je vous ai envoyé une réponse ce matin, j'en envoie une ce soir. J'espère que vous n'avez pas encore pris de décision ferme. Comme vous le savez bien, la principale cause de mon retard tient à l'attente d'une réponse du père Walsh, et n'en ayant reçu aucune j'ai dû me mettre au travail et préparer un des membres du Conseil suprême à se rendre à Meriden. J'étais sur le point de vous envoyer un télégramme ce soir pour vous dire qu'une délégation de deux personnes viendrait à Meriden, mais malheureusement je suis retenu ici par la maladie d'une de leur épouse…
>
> Je viendrais bien en personne, mais vous savez que si je le faisais le père Walsh s'opposerait publiquement à l'existence de l'Ordre et détruirait tous nos espoirs. J'en suis donc arrivé à la conclusion que le meilleur choix était d'envoyer un délégué, puisque l'association est purement laïque et opère très largement comme une entreprise. Monsieur Ford, si vous et les jeunes hommes de Meriden qui veulent se joindre à nous, arrivez à faire preuve d'encore un peu de patience, je vous promets que vous y trouverez satisfaction.

Deux jours plus tard, juste après cet encouragement à agir à Meriden, le père McGivney fut soudainement appelé à New Britain, à quelque cinquante kilomètres au nord de New Haven, sur la route d'Hartford. Son train traversa Meriden et il aperçut les deux flèches de Sainte-Rose, la paroisse du père Walsh, qui se dressaient près du centre de la petite ville. Mais McGivney n'avait pas le loisir de songer trop longuement à ses problèmes avec Meriden. Il était appelé pour un autre type de mission, d'un type qu'il n'appréciait pas du tout.

Ce matin-là, le père Hugh Carmody avait été retrouvé inconscient au pied de l'escalier du hall de sa résidence à New Britain. McGivney et un médecin de New Haven du nom de Bacon furent immédiatement appelés. Ils apprirent qu'on avait retrouvé un manchon d'allumage près de la tête du père Carmody ; apparemment, il s'était penché sur la balustrade, à mi-hauteur de l'escalier, pour essayer d'allumer une lampe à gaz du hall et il avait basculé, chutant d'un bon mètre et demi et se cognant la tête contre un pilier.

Quand le père McGivney arriva le vendredi à la mi-journée, le père Carmody était toujours inconscient. Tard dans la soirée, il reprit connaissance, juste assez pour reconnaître son jeune ami de New Haven. Le docteur Bacon examina ses blessures à la tête et déclara qu'il n'avait aucune chance de s'en remettre. Des nouvelles étaient envoyées toutes les heures à New Haven à ses anciens paroissiens de Saint-Jean, qui les attendaient avec angoisse alors qu'il était entre la vie et la mort. McGivney resta à ses côtés pendant ses dernières heures : il était avec lui quand il mourut le lundi matin.

Tout New Britain se prépara pour l'enterrement. Les personnalités présentes annoncèrent que ce serait le plus grand événement dans l'histoire de la commune. Et parmi les prêtres qui préparèrent ensemble la cérémonie se trouvaient le père Michael McGivney de New Haven et le père Thomas Walsh de Meriden.

Le soir, une délégation de trois Chevaliers, composée de John Kerrigan, William Sellwood et J. T. McMahon, prit le train en direction du nord pour rencontrer les éventuels membres de Meriden. George O'Connor exprima sa satisfaction de voir « finalement Messieurs Kerrigan, McMahon et Sellwood venir à Meriden pour expliquer les mérites de leur Ordre ».

Il ajouta sèchement : « Ils ne nous ont pas dit dans quel état ils étaient à New Haven. » Ce n'était plus d'une très grande importance : les hommes de Meriden continuèrent avec zèle le travail entamé par les Chevaliers de Colomb. Ils découvrirent rapidement que le père McGivney avait eu raison d'appréhender la réponse du père Walsh, comme l'expliqua O'Connor :

> La première étape était de trouver un aumônier. George O'Connor a été missionné pour parler au curé de Sainte-Roses [*sic*], le vicaire-général [Thomas Walsh]. Ce qu'il fit en posant devant lui la Constitution et les Papiers. Après une demi-heure de discussion, il dut repartir bredouille car le vicaire-général s'opposa à la création d'une telle société. Ce fut un blocage sérieux car on ne pouvait rien lancer sans aumônier catholique.

Le père McGivney eut vent du résultat de cette entrevue avec le père Walsh. Pour la première fois dans la courte histoire de ses Chevaliers de Colomb, il était dans une impasse complète. S'il donnait le sentiment de contester les décisions du père Walsh pour les affaires de sa paroisse, cette attitude serait très mal interprétée, et s'il persistait dans l'idée d'ouvrir un groupe à Meriden, cela serait encore plus désastreux.

À Meriden, George O'Connor et P. J. Ford passèrent en revue leurs options. « On a parlé à Dolbec pour voir ce qu'il pouvait faire avec le père Van Oppen », écrivit O'Connor. David Dolbec, comptable de profession, était un membre de la communauté québécoise de Meriden. Les efforts du diocèse pour soutenir les différents contingents d'immigrés avaient conduit à la création à Meriden de la paroisse francophone Saint-Laurent en 1880. Alphonse Van Oppen, originaire de Belgique, en était le curé. Les Chevaliers pressentis se tournèrent donc vers lui.

« Après du temps et des efforts, écrivit O'Connor, le père Van Oppen a consenti à devenir membre et aumônier et je dois dire que si nous n'avions pas réussi à convaincre le père Van Oppen à ce moment, les Chevaliers de Colomb n'existeraient pas aujourd'hui. » O'Connor a probablement raison sur ce point.

Les organisateurs de Meriden commencèrent immédiatement à recruter des membres potentiels, dont la candidature était scrupuleusement examinée par un comité de recrutement. Les organisateurs avaient beau être des ouvriers ou des employés, ils avaient une connaissance intuitive des assurances : ils ne cherchaient que des candidats en bonne santé pour souscrire à leur police. George O'Connor, qui présidait le comité de recrutement, mettait un point d'honneur à ce que le médecin à qui il envoyait les candidats sélectionnés pour effectuer leur visite médicale ne puisse en refuser aucun. Le comité avait ses propres méthodes d'enquête pour évaluer les candidats et ceux qui n'étaient pas en excellente santé ne parvenaient pas jusqu'au médecin.

En l'espace d'un mois, le groupe de Meriden comptait trente-deux candidats prêts à devenir Chevaliers de Colomb. Après consultation avec le Conseil suprême de New Haven, la cérémonie d'initiation fut fixée au 16 mai. Juste avant cette date, le père Walsh donna l'ordre à ses paroissiens de Sainte-Rose de ne pas rejoindre les Chevaliers de Colomb. Les trente-deux membres présélectionnés restèrent loyaux au groupe mais le recrutement fut sérieusement réduit et limité à la paroisse de Saint-Laurent.

C'est presque avec désespoir qu'une délégation d'officiers du groupe de New Haven prit le train pour Meriden le 16 mai. Et c'est avec le même sentiment que les trente-deux hommes du groupe de Meriden s'apprêtaient à les accueillir. George O'Connor, sa femme et un ouvrier nommé John Dowling préparèrent des uniformes et des insignes de leur conception.

James Mullen prit la responsabilité de préparer la cérémonie de Meriden, assisté de John Kerrigan. William Sellwood, J. T. McMahon et Daniel Colwell firent aussi le trajet. Le père McGivney, l'initiateur de l'Ordre, resta chez lui à New Haven, quand bien même cette cérémonie d'initiation du nouveau Conseil était plus importante pour lui que pour toutes les autres personnes présentes. La création d'un deuxième Conseil représentait le petit coup de fouet dont il avait besoin pour réveiller les membres historiques de New Haven et les faire aller de l'avant. Pour autant, McGivney était suffisamment fin pour ne pas se montrer à Meriden. Depuis son presbytère de New Haven, ce soir-là, il pouvait au moins se satisfaire de ce qu'avec ou sans lui, son plan était en marche.

Les cinq Chevaliers de New Haven impressionnèrent le groupe de Meriden, du moins dans un premier temps. « On a reçu de New Haven tous les officiers, écrivit George O'Connor, qui ont procédé à une bizarre cérémonie d'initiation et d'installation [sic] préparée pour l'occasion, car ils n'avaient jamais fait d'initiation ou d'installation. Pas une seule. Quand ils en reparlent maintenant, ça les fait beaucoup rire. »

L'initiation du douze millième Conseil des Chevaliers de Colomb en 2003 n'aurait pas pu mieux prouver la valeur des idées de Michael McGivney que la formation du deuxième Conseil à Meriden. Avant cette cérémonie, les membres de New Haven n'avaient pas compris de quelle formidable ressource ils disposaient, malgré tous les efforts du père McGivney pour les en convaincre. Ce fut l'appel impérieux de l'extérieur, l'appel des hommes de Meriden, qui força les Chevaliers de New Haven à réagir. À la suite de cet événement, ayant reçu ce premier compliment flatteur de Meriden, les Chevaliers de New Haven acceptèrent finalement l'obligation de diriger leur Ordre d'une façon qui, comme le père McGivney l'avait dit, se rapprochait d'une entreprise, par l'expertise et la compétence, condition de la pérennité du projet.

Le rêve de McGivney se réalisa lors de cette cérémonie très importante de Meriden. Des hommes de plusieurs paroisses différentes se trouvaient réunis dans une association catholique conçue pour les aider dans leurs obligations chrétiennes et dans cet héroïsme moderne : la charge financière et spirituelle de leurs familles.

CHAPITRE 13

UNE VOIX SÉVÈRE

Ce 26 mars 1883, les clients de la papeterie Downes furent pris d'un intérêt inhabituel pour le *New London Day*, un journal extérieur à la ville. Edward Jones Junior remarqua que le stock de journaux qui avait été livré le matin même avait été épuisé bien avant la fin de l'après-midi, laissant vide l'emplacement où on les avait empilés. À New London, une petite ville à quatre-vingts kilomètres à l'est de New Haven, on était suffisamment curieux de l'actualité de New Haven pour rémunérer un correspondant qui en relatait les histoires les plus captivantes. L'édition du 26 mars en contenait une, particulièrement savoureuse :

> On parle beaucoup au sein de la congrégation de la paroisse catholique Sainte-Marie de la présence régulière de la fille de l'un de nos éminents pasteurs épiscopaliens [de New Haven]. Cette jeune femme, qui est aimable, talentueuse et évolue dans les meilleurs cercles de la société, s'unit aux dévotions des catholiques. Elle a assisté à la messe de Pâques et y a participé en tout, hormis la communion. Les catholiques estiment qu'elle est plutôt avancée dans la voie de la conversion…

Le sujet était repris dans les journaux de New Haven le lendemain, et dès qu'il le fut, l'histoire fit le tour des cercles sociaux et religieux de la ville. Pour ceux qui spéculèrent sur l'identité de l'« éminent pasteur épiscopalien », la liste se résuma rapidement à un choix évident, mais spectaculaire.

Le Révérend Edwin Harwood de l'église de la Trinité était effectivement une éminente personnalité ; un homme qui pouvait se permettre de préférer la paix de son bureau aux foules, si pieux qu'il pouvait laisser aux autres le soin de prononcer les sermons et services et si respecté qu'il demeurait en fonction malgré les efforts répétés de sa congrégation pour le congédier. Dans les cercles épiscopaliens, il était connu pour avoir fondé le Congrès des Églises protestantes épiscopaliennes, une réunion annuelle d'hommes d'Église venus de tout le pays. Son importance était telle que Harwood aimait à appeler la chapelle de l'église de la Trinité le « berceau du Congrès ». L'un des seuls rêves qu'il lui restait à accomplir était d'accueillir un jour ce congrès à New Haven.

Marion Harwood, elle, était plus sociable que son mari. Elle venait d'une famille respectée de Hempstead, de l'autre côté du détroit, sur l'île de Long Island à New York. Le couple avait élevé ensemble six enfants au presbytère de la Trinité, qui se trouvait à quelques encâblures du parc de New Haven. À chaque fois que l'un des enfants sortait seul, l'expédition était remarquée et commentée à travers toute la ville. Cela expliquait peut-être pourquoi James, le fils aîné, n'avait pas suivi les pas de son père – ni les pas de quiconque, d'ailleurs, car il partit s'installer dans le Montana à Fort Assiniboine, soit l'antithèse de New Haven et du Connecticut. Il y travaillait comme guide dans la nature. En 1883, les deux autres enfants Harwood encore en vie habitaient chez leurs parents.

Puisqu'il s'agissait de deux femmes, il fut difficile pour les commères de New Haven de distinguer laquelle des deux se rendait à la messe à Sainte-Marie. Alida, vingt-deux ans, et Honora, vingt ans, étaient tous les deux « aimables », comme le mentionnait le *New London Day* et elles évoluaient toutes les deux « dans les meilleurs cercles de la société ». Elles étaient toutes deux connues à New Haven comme des beautés locales. Des deux, pourtant, c'était Alida qui passait pour être « talentueuse » puisqu'elle participait souvent à des récitals en chantant et en jouant du piano. Et c'était effectivement elle qui assistait à la messe à Sainte-Marie, où elle s'était d'abord rendue en y suivant sa femme de chambre.

Alida Harwood noua rapidement une amitié avec le père McGivney, qui lui offrit en retour une « amitié spirituelle et une ferme direction » selon un autre article de journal. McGivney était ravi de son intérêt pour l'Église et il ne pouvait s'empêcher d'admirer son érudition. Le simple fait d'avoir grandi dans la maison du pasteur Harwood lui avait en effet donné accès à une éducation classique avancée. Alida, décrite comme « très belle, dotée d'une grâce rare et d'une disposition d'esprit très douce » connaissait sa Bible et étudiait avec intérêt l'histoire chrétienne.

Michael McGivney la traitait comme il l'aurait fait de n'importe quelle autre personne qui lui rendait visite. Bien qu'il ait été très ferme dans ses convictions, il n'était pas homme à mettre sous pression une potentielle convertie. Un prêtre de paroisse avait rarement pour habitude de se plier en quatre pour « vendre » l'Église ; il s'agissait plutôt de demeurer ferme et d'être comme une ancre solide pour sa communauté. McGivney était toutefois sensible à la situation d'Alida. Il savait qu'il lui fallait du courage pour être la fille du pasteur Harwood et se rendre à Sainte-Marie. Par respect pour sa position délicate, il ne faisait rien pour attirer l'attention sur sa participation à la célébration de la messe, aussi la parution de l'article du *New London Day* fut un choc.

Un choc plus grand encore pour le pasteur Harwood, qui n'avait pas réalisé à quel point les visites d'Alida à Sainte-Marie étaient sérieuses. Une semaine plus tard, pour montrer que tout allait pour le mieux, il organisa un récital de sa fille à English Hall, qui servait de bâtiment de réception pour les cérémonies épiscopaliennes à New Haven. Elle commença par chanter « Jesus and It Shall Ever Be », puis « There Is a Green Hill Far Away », des chants protestants. Les commérages se turent pendant quelque temps, ou du moins se firent plus discrets, mais il y avait toujours de l'agitation au presbytère.

Harwood annonça d'abord à certains de ses paroissiens qu'il allait démissionner de sa fonction et consacrer le restant de ses jours à l'étude, mais il décida finalement de conserver sa charge. Entretemps, Alida, sa mère et sa sœur furent envoyées en Europe, pour faire oublier à Alida sa fascination pour le catholicisme et ses conversations avec le père McGivney.

Juste avant son départ, un autre proche du père McGivney lui apporta des nouvelles : après l'obtention de son diplôme à Yale en 1883, David Hillhouse Buel lui fit part de son désir de devenir prêtre.

McGivney avait été le premier ami de David Buel lorsque ce dernier avait été reçu dans l'Église. La conversion du jeune homme était due « à la grâce de Dieu, par l'intermédiaire du père McGivney », comme le rapporta plus tard le père Joseph Daley. Buel était un jeune homme plein d'enthousiasme, pour le meilleur et pour le pire, mais sa vocation à la prêtrise semblait venir du plus profond de lui-même. La meilleure approche possible, et McGivney l'approuva, aurait été pour lui de réserver sa décision jusqu'à ce qu'il ait pu prendre le temps d'une contemplation plus paisible. Il ne connaîtrait sa véritable place dans l'Église qu'après avoir prié et réfléchi. Buel était impatient mais il accepta l'idée de devoir faire une pause pour confirmer l'authenticité de son appel. Il prévoyait à cette fin de faire un voyage d'été au Canada.

Au début de l'été, les circonstances forcèrent Michael McGivney à reprendre son poste de trésorier à la SATL Saint-Joseph. La société avait rencontré un tel succès que, assez tristement, plusieurs factions se disputaient son contrôle et étaient prêtes à la tailler en pièces pour arriver à leurs fins.

Chaque spectacle organisé par la SATL faisait salle comble ; la critique était dithyrambique. Le groupe avait intégré des jeunes femmes comme membres de plein droit et la vieille garde de la paroisse était maintenant fermement convaincue que la gouvernance de la SATL devait être mieux supervisée. La direction du groupe semblait vacillante et, sous la pression des autorités ecclésiastiques, c'est-à-dire des pères Lawlor et McGivney, les membres élurent un nouveau bureau qui incluait ce dernier.

Ni l'idée que le club ait pu faire preuve d'un certain esprit de rébellion, ni l'élection du nouveau bureau ne furent du goût de tous. Un bataillon entier de membres présenta sa démission en signe de protestation, certains que la SATL allait perdre tout de ce qui la rendait sympathique.

Le 1er août, elle avait retrouvé suffisamment de stabilité pour qu'une excursion soit organisée : un trajet en bateau à vapeur vers Coney Island, la plage réputée de New York. Mais la malchance se poursuivit : il se trouva plus de candidats au départ que le bateau ne pouvait en embarquer, ce qui créa une grande confusion sur le quai.

Le navire prit finalement la mer avec 1200 passagers payants à son bord. Le père McGivney, dans son double rôle d'aumônier et de trésorier, dut à la fois superviser les finances de la journée et le comportement de tous les jeunes qui profitaient des attractions de Coney Island et se gavaient de sucreries. L'endroit étant ce qu'il était, il dut probablement superviser le groupe tout entier, soit 1200 participants.

Les seules personnes qui ne profitèrent pas de ce succès étaient les anciens membres de la SATL, qui restèrent chez eux, ce qui ne servit qu'à attiser leur mécontentement. Ils organisèrent ensuite leur propre excursion en louant deux barges au chantier naval de Smedley pour faire le voyage en compagnie du plus grand nombre possible de jeunes femmes jusqu'à un parc isolé appelé South End Grove – sans chaperons. Pour s'assurer de la présence de jeunes femmes d'un certain niveau, les organisateurs laissèrent entendre que c'était la SATL Saint-Joseph qui avait organisé cette excursion. Ils laissèrent même cette fausse information être publiée dans les journaux du samedi, ce qui rendit le père McGivney furieux lorsqu'il le découvrit. Il était trop tard pour demander aux journaux d'imprimer un rectificatif: les barges appareillaient le lendemain. Ce n'était pas aux journaux qu'il voulait de toute façon s'adresser; il donna sa réponse directement à ses paroissiens.

Après la messe de neuf heures le dimanche, le jour de cette « affaire de South End » comme elle fut ensuite nommée, McGivney se laissa aller à une colère que ses paroissiens ne lui connaissaient pas. Selon le témoignage d'une personne présente ce jour-là:

> Depuis l'autel, le père McGivney dénonça les jeunes hommes qui voulaient prendre part à l'expédition de South End, et souligna avec emphase qu'ils n'étaient pas membres de la SATL Saint-Joseph, et que celle-ci n'était aucunement responsable de ce qui se passerait lors de cet après-midi. Il s'étendit longuement sur le manque d'esprit religieux manifesté par les participants, et désapprouva très fermement le fait que de jeunes catholiques se déplacent en couples, sans surveillance, dans les bois de South End un dimanche après-midi.

Les anciens membres entrés en rébellion eurent vent de la condamnation prononcée par le père McGivney ce matin-là et tinrent conseil pour déterminer s'ils devaient poursuivre dans leurs desseins. Après en avoir discuté, ils montèrent à bord des barges qu'ils avaient louées et voguèrent jusqu'à South End accompagnés de leurs amies. Il ne passa rien de particulier pendant la sortie ; ils savaient que les prêtres de Sainte-Marie examineraient leur comportement à la loupe et cela constitua un chaperonnage de fait.

Les affaires de la SATL Saint-Joseph maintenant apaisées et l'automne approchant, le père McGivney pouvait se consacrer à son autre occupation principale, en dehors de ses activités religieuses : les Chevaliers de Colomb, qui prenaient enfin leur élan.

La croissance robuste de l'organisation à Meriden suscita l'intérêt des hommes d'autres parties du Connecticut pour le potentiel de l'organisation. Le père McGivney rendit personnellement des visites dans de petites villes comme Middletown, Norwalk et Thomaston où, à l'automne 1883, s'étaient formés des groupes désireux de lancer leurs propres Conseils. Le père Eugene Gaffney était prêtre à Thomaston, une ville de 2000 habitants, et c'est en tant qu'ami de McGivney qu'il soutint avec enthousiasme la création potentielle d'un Conseil local.

Après l'été, Alida Harwood revint d'Europe avec sa mère et sa sœur Honora. Le voyage lui avait fait du bien sur le plan spirituel, de son point de vue du moins. Elle en était en effet revenue plus déterminée que jamais à s'immerger dans la foi catholique et ne perdit pas de temps pour retourner à Sainte-Marie assister aux offices et recevoir les conseils spirituels du père McGivney. Le pasteur Harwood, pour sa part, se rendit à son Congrès de l'église épiscopalienne à Philadelphie la première semaine d'octobre, pendant que sa fille restait à New Haven. Elle assista discrètement à des vêpres solennelles célébrées à Sainte-Marie lors d'une soirée spéciale, un dimanche soir. Selon la presse locale, « le père McGivney livra un sermon bref mais impressionnant sur la maternité divine de Marie et sur sa place près du trône de la grâce divine et sur sa nécessaire invocation par les catholiques. »

Peu de temps après, les répétitions pour une nouvelle production de *Penikeese* reprirent, mais sans le librettiste cette fois. David Buel était loin du monde de Cupidon et on ne le trouvait plus assis au balcon en train de composer de nouvelles paroles ; il était chez les jésuites à West Park, New York, étudiant pour devenir prêtre. Tandis que lui-même se tenait pour le moment ferme dans son choix spirituel, Alida Harwood, elle, comme le père McGivney le savait très bien, luttait pour son avenir.

Son nom fut évoqué pour remplacer la première soprane de la chorale de l'église de la Trinité de New Haven, qui s'en allait. C'était un choix logique, d'autant plus qu'elle avait reçu une formation au chant et que les paroissiens de la Trinité avaient l'habitude de l'entendre lors d'événements. Étant une âme généreuse, elle apparaissait souvent lors de récitals et autres soirées de levées de fonds organisées à l'église. Elle était par ailleurs encore très intimidée par son père. Reste qu'il lui paraissait impossible de concilier simultanément le chant à l'église de la Trinité le dimanche matin et la messe à Sainte-Marie 500 mètres plus loin. Au début du mois de mai 1884, ce fut donc une autre soprane qui s'engagea auprès de la chorale de la Trinité.

La même semaine, le père McGivney décida de prendre la parole au sujet de sa propre chorale paroissiale, qui aurait largement bénéficié de la présence de Mademoiselle Harwood. En lisant les annonces paroissiales à la fin de la messe, il remercia mollement la chorale avant de réprimander ses membres pour leur « présence irrégulière et peu sérieuse aux répétitions ». À son avis, le vrai problème de la chorale était plutôt dû au fait que d'autres paroissiens s'y mêlaient sans chanter, en se tenant comme des statues, contrairement aux véritables choristes. Il soupçonnait ces paroissiens qui s'installaient dans l'espace réservé à la chorale d'éviter ainsi de participer à la quête lors du passage des paniers de quête dans les rangs. Au vu de la dette de la paroisse, de pareilles petites avarices étaient mal vécues par le père McGivney, d'autant plus que pour contribuer à son remboursement, le père Lawlor et lui avaient fait don de l'intégralité de la recette de la quête de Noël, traditionnellement destinée aux finances personnelles des prêtres.

Cette critique spontanée alluma une controverse au sein de la paroisse. Les pseudo-membres de la chorale qui ne chantaient pas se sentirent insultés, et les chanteurs vexés. Dans une paroisse, ce qui touche à la chorale peut parfois froisser les sensibilités, et les réponses aux commentaires du père McGivney furent glaciales. Un paroissien cité dans un article du *New Haven Morning Journal and Courier* déclara que « une fois débarrassée de ses paroissiens qui se comportent comme des statues et ne chantent pas, la chorale retrouvera peut-être un peu d'enthousiasme et même d'excellence vocale, qui constitueront certainement une amélioration par rapport aux prestations irrégulières qui ont récemment agacé les goûts musicaux délicats du célébrant. »

La semaine suivante, l'espace réservé à la chorale se trouva vidé des paroissiens qui ne chantaient pas, mais aussi de certains choristes qui semblaient faire une sorte de grève par solidarité. Le *New Haven Union* envoya un journaliste au presbytère le lundi après-midi pour savoir si le père McGivney allait se rétracter, comme cela avait été évoqué dans le *Morning Journal and Courier* de la semaine précédente. Voici ce qu'il écrivit :

> Les pères Lawlor et McGivney étaient au parloir de leur résidence ; ils n'avaient pas l'air particulièrement perturbés par ce qui était paru dans la presse au sujet des remarques du père McGivney la semaine précédente. Ce dernier n'avait d'ailleurs rien lu à ce propos, et lorsqu'il eut lu l'article, il déclara que « c'était très malveillant et je crois que cela vient du fait que nous avons observé le silence sur la question. Non Monsieur, je n'ai rien à ajouter sur cette affaire. La déclaration selon laquelle certains de nos solistes n'auraient pas chanté hier à cause de ce que j'ai dit est fausse. C'est un cas similaire à ce qui est arrivé avec l'édition de lundi dernier du *Morning Journal and Courier* : il y avait trois erreurs factuelles dans l'article de lundi dernier. Tous les chanteurs de notre chorale étaient présents hier, sauf ceux qui avaient été excusés. »

Cette « controverse des statues » s'ajoutait à « l'affaire de South End » de l'été précédent et montrait aux paroissiens un autre visage de Michael McGivney. Il était toujours cet homme optimiste et facile à approcher qu'ils avaient toujours connu mais, à trente et un ans, il avait développé assez de recul pour savoir exprimer son mécontentement quand celui-ci était trop fort. Dans ces réprimandes, il ne montrait aucune colère, et il faisait preuve d'une confiance en lui qu'il ne possédait pas lorsqu'il était arrivé à New Haven juste après son ordination. Ces six années passées à servir sa paroisse et à approfondir en même temps sa foi l'avaient élevé à un rare degré d'épanouissement personnel.

Par nature, il était d'une générosité de cœur désarmante et c'était cet aspect de sa personnalité que les paroissiens avaient trouvé si agréable au premier abord, et qui l'avait rendu si populaire. Depuis, il avait appris une leçon très utile pour tout prêtre ou tout ecclésiastique : il avait appris à accepter d'être impopulaire si la situation l'exigeait. Sur ce point, McGivney était particulièrement chanceux de travailler sous la responsabilité du père Lawlor, qui fonctionnait selon le principe que la loyauté n'était pas chose automatique et qu'il fallait travailler pour l'obtenir. Lawlor était une source continue de soutien dans toutes les activités diverses de McGivney, jusque dans les contrariétés qui s'y présentaient.

La fondation des Chevaliers de Colomb avait contribué à équilibrer la personnalité du père McGivney. La première année avait été chaotique, avec des disputes qui ne lui laissaient d'autre choix que de se battre pour l'avenir de l'association auquel il croyait. Dans ces moments difficiles, il n'avait nul endroit où se cacher et aucun candidat pour se battre à sa place s'il voulait que la fondation du groupe réussisse. Driscoll, Mullen, Geary, Sellwood étaient de bons amis, mais c'étaient avant tout des hommes d'affaires coriaces et donc des adversaires difficiles. McGivney n'aurait pas pu défendre et faire triompher ses conceptions face à de tels hommes s'il n'avait pas développé une carapace et une combativité pour affronter les combats loyaux comme déloyaux.

La semaine où le journaliste de l'*Union* passa au presbytère interroger les pères Lawlor et McGivney, la première convention annuelle des Chevaliers de Colomb se tenait à New Haven. L'association comptait désormais cinq Conseils et 459 membres. Meriden montrait la voie en comptant deux Conseils et 219 Chevaliers, mais les fondateurs de New Haven dominaient toujours le bureau de l'association, le Conseil suprême. James Mullen en était le « Chevalier suprême ».

Les Conseils sortaient de terre comme des bulbes au printemps. « Les Chevaliers de Colomb prospèrent et grandissent » commenta le *New Haven Morning Journal and Courier*, qui aurait pu ajouter le mot « enfin ». Le Conseil suprême recevait des sollicitations venues de villes en dehors du Connecticut et organisait des voyages pour recevoir des délégations. Malgré la satisfaction qu'en éprouvait le père McGivney en voyant la diffusion de ses idéaux, résumés par la devise de l'Ordre : « Unité, charité », les Chevaliers croissaient trop vite pour qu'il puisse continuer à exercer une responsabilité dans l'association. Bien qu'il ait été suspecté dans le diocèse de vouloir se créer une base parmi les Chevaliers à partir de laquelle étendre son influence, McGivney n'avait jamais cherché à augmenter son pouvoir. En 1884, voyant que l'association prospérait et constatant que l'immense influence qu'elle pourrait avoir était trop éloignée de ses capacités à la diriger, il refusa d'être réélu secrétaire général du bureau du Conseil suprême. En juin de cette année-là, il dit à Mullen de communiquer aux autres qu'il serait trop occupé par son ministère pour continuer à tenir un rôle administratif au sein des Chevaliers. Il continuerait toutefois à endosser la responsabilité d'aumônier.

Michael McGivney lâchait prise sur l'association afin qu'elle se dirige elle-même. Il l'avait conçue pour qu'elle ne dépende de personne en particulier. Il n'avait pas créé un organisme de cette sorte pour y devenir irremplaçable – la chose, pourtant, aurait été facile. Il l'avait créé pour qu'il puisse se perpétuer de lui-même et à ses yeux, plus tôt l'organisation serait autonome, mieux cela serait pour tous. Lâcher prise était un choix coûteux mais c'était le choix de ne pas s'accrocher et d'éviter le développement d'un culte de la personnalité. Qu'il ait reçu ou non des pressions du diocèse pour renoncer à toute influence directe, il était à l'aise à l'idée de ne redevenir ni plus ni moins qu'un simple prêtre de paroisse.

Le 2 novembre, le sujet le plus pressant pour le père McGivney était l'élection présidentielle qui se tiendrait deux jours plus tard. Les deux candidats, Grover Cleveland et James Blaine, se livraient une bataille difficile. Blaine était un ancien sénateur qui s'était aliéné une large partie du vote catholique quand l'un de ses soutiens avait prononcé un discours dans lequel il rapprochait « Rome, le rhum et la rébellion ». Malgré les larges remous provoqués par cette formule malheureusement facile à retenir, Michael McGivney ne prit pas position politiquement. La seule position qu'il dévoila indiquait tout de même l'enjeu de l'élection : pendant l'office dominical, il conseilla à ses paroissiens de ne pas donner leur vote au plus offrant.

À la fin de la messe, des militants de Grover Cleveland distribuèrent des tracts soulignant la gravité de la formule « Rome, le rhum et la rébellion », bientôt rejoints par des militants pro-Blaine qui distribuèrent des tracts qui minimisaient l'affaire. Un militant pro-Cleveland, qui venait d'assister à la messe pour la première fois depuis des années, gravit en courant les marches de l'église jusqu'à l'intérieur pour y trouver le père McGivney. Il l'interpella en criant : « J'ai pitié de vous si vous ne condamnez pas cette formule ! » Des membres de la congrégation se ruèrent sur le militant, horrifiés de voir un prêtre interpellé de la sorte. McGivney pour sa part ne vit rien à condamner : comme il l'avait dit très clairement, il ne prendrait pas parti pour qui que ce soit dans cette élection.

Le père McGivney, comme tous les Américains, passa le mercredi suivant, lendemain de l'élection, à attendre impatiemment l'annonce des résultats (Grover Cleveland ne fut finalement déclaré vainqueur que le samedi). Cet après-midi-là cependant, il reçut une lettre qui éclipsa tout le reste. La lettre venait de la chancellerie d'Hartford. Elle lui annonçait qu'il quittait Sainte-Marie.

L'évêque le transférait à Thomaston, dont l'église était sans curé depuis la mort du père Gaffney l'été précédent. McGivney devait y entrer en fonction huit jours plus tard. Il était clairement prêt pour cette charge, même si Thomaston était un endroit un peu reculé comparé à New Haven. Il ne lui appartenait pourtant pas de questionner la sagesse de la décision, ni le statut de la paroisse de Thomaston. Il était prêtre de paroisse et une nomination de curé était une occasion nouvelle de servir, quelle qu'elle soit.

Lors de sa dernière messe dominicale de vicaire de Sainte-Marie, McGivney fit ses adieux et conclut : « J'ai été avec vous pendant sept longues années, rendant visite aux malades et guidant les pas de vos enfants dans les chemins qu'ils devaient prendre. Il m'est arrivé d'être dur avec certains d'entre vous, mais c'était toujours parce que je pensais que c'était pour votre bien. Si par quelque action que ce soit j'ai causé le scandale ou fait offense au moindre d'entre vous, alors je prie pour que vous me pardonniez. Où que j'aille, le souvenir des paroissiens de Sainte-Marie et de leur grande bonté à mon endroit auront une place particulière dans mon cœur. Une fois de plus mes amis, au revoir. »

L'ambiance qui régnait à Sainte-Marie ce jour-là fut relatée par un article du *New Haven Evening Register* probablement écrit par John J. Splain :

> Jamais assemblée ne fut semble-t-il si affectée par le discours de départ d'un de ses prêtres que celle, fort grande, qui emplissait hier Sainte-Marie. Certains des présents sanglotaient ou pleuraient ouvertement. Il y en a peu parmi eux qui n'aient reçu du père McGivney quelque geste ou faveur, et à écouter les remarques des paroissiens qui sortaient de l'église, il était facile de constater sa grande popularité.
>
> Il n'y eut jamais à New Haven un jeune prêtre si énergique et si travailleur que lui.

CHAPITRE 14

SUR TOUTES LES LÈVRES

En tant que parents et pour exercer l'autorité que cela leur conférait, le pasteur Harwood et sa femme avaient un réflexe inhabituel – et plutôt merveilleux pour un certain type d'enfants : quand l'un de leurs enfants avait un comportement qu'ils estimaient inacceptable, les Harwood arrêtaient tout et partaient en voyage. Les jeunes rebelles n'étaient pas enfermés dans leur chambre, au contraire : ils voyageaient à travers la Nouvelle-Angleterre, et si l'offense était particulièrement grave, ils étaient envoyés en Europe.

Tout ceci explique peut-être pourquoi James Harwood s'imposa un exil au Montana. Il considéra probablement que cela lui ferait gagner du temps.

En 1884, lorsqu'Alida fut prise sur le fait en train de se rendre à New York pour entamer des démarches formelles de conversion au catholicisme, elle fut condamnée à passer l'été dans le Maine, sur l'île de Mount Desert, qui regorge de beauté naturelle, de luxueux établissements mondains et ne compte pas une seule église catholique. Honora accompagna sa sœur aînée, qui lui confia sur le chemin de l'aller qu'elle voulait non seulement devenir catholique, mais peut-être aussi entrer dans les ordres.

Honora n'avait pas les mêmes intentions, particulièrement au vu de la nuée de prétendants qui lui tournaient autour à Mount Desert. À certaines heures de la journée, l'île semblait couverte d'insectes nuisibles et de bons partis tout droit sortis des universités de l'Ivy League… Une jeune femme comme Honora aurait eu besoin d'une moustiquaire. Un premier prétendant sérieux fit son apparition en la personne d'un certain Truman Hemingway, qui gagnait déjà sa vie mais n'avait pas encore hérité. Le choix d'Honora se porta finalement sur John V. L. Pruyn, qui descendait d'une des vieilles familles néerlandaises des bords de l'Hudson et dont elle accepta la proposition de mariage. Il avait déjà touché son héritage. Pruyn était un parfait gentleman mais il avait un défaut : il avait déjà fait une demande en mariage à une jeune femme d'Albany. Cette dernière avait pris son temps pour lui répondre et avait eu la malencontreuse idée de finalement dire oui juste après la réponse positive d'Honora.

Rien de tout cela n'était réellement imputable à Honora mais ce fut suffisant pour motiver un voyage des Harwood en Angleterre à l'été 1885. Alida avait elle aussi mérité sa place, puisqu'elle avait entre-temps été baptisée dans la foi catholique par un prêtre du collège jésuite de Saint-Jean à New York. Le père McGivney parti, elle assistait à la messe à la paroisse germano-américaine de New Haven, essentiellement parce que l'ambiance y était beaucoup moins mondaine qu'à Sainte-Marie ; à vrai dire, aucune autre paroisse catholique de la ville ne l'était. Elle ne voulait provoquer aucune publicité qui puisse gêner son père. En public, ses parents manifestèrent leur acceptation de sa conversion, mais lorsque le pasteur Harwood apprit que son nouveau dessein était d'entrer au couvent, il frappa fort. Il « l'envoya en Europe pour la débarrasser de cette idée ». Alida et Honora embarquèrent avec leur mère.

Vers le milieu de l'été, le vent finit par tourner pour le pasteur Harwood et les errances de ses filles semblèrent s'arrêter. Dans un geste digne d'un roman d'amour, John Pruyn embarqua pour l'Angleterre afin de retrouver Honora, implora son pardon pour la situation humiliante dans laquelle il l'avait plongée et lui demanda à nouveau sa main. Au cours de la conversation, il réussit à la convaincre qu'il était libéré de tout sentiment pour sa précédente fiancée d'Albany. Honora accepta finalement de l'épouser.

Personne, ni Honora ni John Pruyn, ne pouvait être plus satisfait de ces fiançailles que le pasteur Harwood. Transporté par la joie, il prit place à bord d'un transatlantique pour rejoindre sa famille et son futur gendre. Une fois à Londres, Alida lui assura qu'elle avait abandonné l'idée d'entrer dans les ordres. Jamais depuis que ses enfants avaient été en âge de penser par eux-mêmes les choses n'avaient paru si belles au vieux pasteur. Le mariage était prévu pour le 7 octobre, à l'église de la Trinité à New Haven, naturellement. Harwood célébrerait le mariage avant d'envoyer les jeunes mariés en voyage de noces (au Colorado). Ensuite, quatre jours plus tard, il présiderait l'ouverture du Congrès des Églises protestantes épiscopaliennes dans sa ville de New Haven.

Il avait fallu jusqu'au milieu de l'année 1885 au père McGivney pour s'adapter à la vie moins intense de Thomaston. L'embauche de douze hommes en une semaine dans les usines de fabrication d'horloges de la ville fit par exemple les gros titres de l'actualité locale. La vie sociale de la ville tournait autour de sa salle de patin à roulettes; la présence d'une championne du monde féminine de patinage venue y faire une démonstration constitua là aussi un événement de premier plan.

Dès que le père McGivney fut suffisamment à l'aise dans son nouveau rôle de curé de Saint-Thomas, il chercha à imprimer sa patte sur la vie sociale locale. Il se prit d'intérêt pour la Société de doctrine chrétienne locale. La centaine de membres leva des fonds pour doter la librairie paroissiale et attribuer des prix d'excellence aux élèves du catéchisme. Les revenus provenaient aussi largement des recettes des pièces jouées pour la Saint-Patrick. C'était un exercice dont le père McGivney était familier et il fut rapidement mis à contribution. On lui demanda de mettre en scène une production d'*Eileen Oge*, l'un des succès qu'il avait donnés avec le SATL Saint-Joseph à New Haven.

Les Conseils des Chevaliers de Colomb se multipliant, croissant au rythme d'un par quinzaine pendant l'année 1885, le *Connecticut Catholic* commença à dédier une colonne à ses activités dans presque chacun de ses numéros. Dans l'un des éditoriaux qui accompagnaient ce petit bulletin, le rédacteur en chef John Scanlon qualifia avec sympathie les Chevaliers de Colomb de « société secrète ». Cela suscita une réponse assez salée d'un prêtre anonyme qui signa « Clericus ». Elle disait notamment:

> La question des sociétés secrètes est à présent une question de premier ordre dans l'esprit des catholiques; et il est utile de rappeler qu'aucune société secrète à proprement parler ne peut être liée à l'Église. C'est pourquoi votre assertion selon laquelle les Chevaliers de Colomb peuvent

> être classés comme une société secrète a dû causer une grande surprise à vos lecteurs. Je vous demande donc respectueusement d'expliquer dans votre prochain numéro en quoi consiste cet aspect secret, pourquoi une pareille organisation aurait besoin de secret, et si, en qualifiant ainsi cette association, vous ne dépassez pas l'intention de son fondateur.
>
> Une réponse à ces questions est nécessaire pour faire justice aux jeunes hommes de ce diocèse.

La lettre touchait un point sensible pour le père McGivney. Pendant trois ans, il avait été aussi sensible qu'un diplomate aux bruits de couloir qui concernaient son organisation. Il avait manœuvré pour éviter les sujets et les personnalités qui auraient pu en assurer la ruine. En cette fin de printemps 1885 cependant, les Chevaliers ayant démontré tout leur potentiel avec la création de vingt-deux Conseils et les cas très concrets de paiements versés à quatre familles en deuil, McGivney était désormais moins patient envers ceux qui émettaient des critiques publiques à l'encontre de l'association sans se renseigner d'abord auprès de son fondateur. Il considéra donc la lettre de ce « Clericus » comme une attaque de biais contre les Chevaliers de Colomb et prépara une réponse.

Entre-temps, Scanlon avait fait de son mieux pour répondre honnêtement à ce Clericus. Il avait essayé de fonder sa réponse sur des principes théologiques, tout en admettant d'emblée qu'il en connaissait certainement moins en la matière que son inquisiteur. Son éditorial citait longuement des édits du troisième Conseil plénier de Baltimore. Ce Conseil était une institution dédiée à l'interprétation du droit canon par le haut clergé américain. Le premier s'était tenu en 1852 et le deuxième en 1866 ; la publication des décrets du troisième Conseil de 1884 était encore fraîche et les catholiques les avaient bien à l'esprit au printemps suivant.

Le deuxième Conseil plénier avait interdit aux catholiques de devenir membres de sociétés secrètes ; cela avait été un élément des réflexions qui avaient poussé le père McGivney à créer les Chevaliers de Colomb. Le Conseil plénier plaçait la responsabilité de la condamnation dans la main des prêtres de paroisse comme lui, en leur demandant de ne pas accorder l'absolution à quiconque était un membre connu d'une organisation secrète. Plus précisément, il réitérait la condamnation des francs-maçons par le Vatican, mais ni celui-ci ni le troisième Conseil ne listait d'autre organisation spécifique. La désignation des organisations concernées était laissée à l'appréciation des évêques dont on attendait qu'ils mènent l'enquête sur les groupes potentiellement concernés qui opéraient dans leurs diocèses respectifs.

L'éditorial de réponse de John Scanlon dans le *Connecticut Catholic* citait la lettre pastorale traduite en anglais depuis le latin dans lequel les décrets du Conseil plénier avaient été publiés : « Si une association décrète l'obligation pour ses membres d'être liés par le secret et de le maintenir, y compris sous le questionnement d'autorités légitimes, alors cette association se place de fait en dehors des critères d'approbation, et personne ne peut à la fois en être membre et recevoir les sacrements de l'Église catholique. »

Scanlon postulait que les Chevaliers de Colomb prenaient la forme d'une société secrète, mais opéraient comme une entreprise profitable et qu'en tant que tel, et particulièrement parce qu'il s'agissait de fait d'une compagnie d'assurances, il était normal qu'ils protègent certaines de leurs informations par le secret. Il y ajouta sa propre interprétation du droit canon. « Toute association, au sens où nous l'entendons, qui défend une bonne cause, écrivait-il, et se propose d'atteindre ses objectifs par des buts légitimes, moraux et légaux sera approuvée par l'Église. Le simple fait qu'elle opère avec une part de secret ne la condamne pas automatiquement. »

C'est ainsi que John Scanlon et le *Connecticut Catholic* avaient volé au secours du père McGivney. Ce dernier appréciait le geste mais ne voulait pas l'approuver. En réalité, l'éditorial sembla l'irriter autant que la lettre originale de Clericus. On peut l'imaginer assis à son bureau dans le presbytère de Thomaston, écrivant sa réponse sans doute trop vite, mais avec au moins la satisfaction de pouvoir enfin remettre à sa place un détracteur de ses bien-aimés Chevaliers de Colomb :

Au rédacteur en chef du *Connecticut Catholic.*

J'ai récemment eu l'occasion de lire l'un de vos derniers éditoriaux intitulés « Sociétés secrètes – Chevaliers de Colomb » qui répondait à la demande d'un certain « Clericus » qui semblait impatient d'augmenter grâce à vous la finesse de ses connaissances théologiques, bien que vous ayez gracieusement admis qu'il connaisse mieux la science sacrée que vous. Si Clericus s'était adressé à la bonne personne pour son information, il n'aurait pas été la cause d'autant de méprises sur le compte des Chevaliers de Colomb.

Puisque l'article en question semblait référer au « fondateur » comme appartenant à une société secrète et qu'a priori le fondateur est censé avoir eu une bonne idée de ses propres intentions quand il créa les Chevaliers de Colomb, permettez donc au « fondateur » de répondre par la présente et de faire connaître ses intentions afin de « faire justice aux jeunes hommes de ce diocèse ». L'Ordre des Chevaliers de Colomb est le même maintenant que quand il fut fondé, c'est-à-dire : un ordre composé de membres catholiques et dévoué au bien social des familles catholiques de l'État du Connecticut. Il n'a pas de lien direct avec l'Église, si ce n'est que des prêtres catholiques en sont membres et que tout prêtre catholique, membre ou pas, a le droit d'assister à leurs réunions.

L'Ordre ayant été créé comme une entreprise, il n'a pas demandé d'approbation des autorités ecclésiastiques car il n'en avait pas besoin, pas plus que toute compagnie d'assurances composée de catholiques ne demanderait à l'évêque d'approuver ses règlements.

Les autorités de l'Église ne peuvent qu'être favorables à la création d'associations qui promeuvent l'amélioration des conditions de vie de ses enfants, tant que leurs règlements ne contreviennent pas aux règles de l'Église.

Les règlements des Chevaliers de Colomb ne contiennent rien qui puisse aller à l'encontre des règles de l'Église. Bien que créé depuis peu de temps, l'Ordre a eu un effet positif incalculable dans de nombreux foyers catholiques. Lorsque les familles sont frappées par la maladie, mais aussi lorsque la mort les prive de leurs revenus, les Chevaliers de Colomb entrent en scène pour apporter à la veuve et à l'orphelin une aide matérielle substantielle.

S'il y avait eu quelque matière à controverse dans l'un des Conseils de l'Ordre, je l'aurais très certainement remarqué grâce aux liens que j'ai avec lui depuis sa fondation. Je vous demande donc, s'il vous plaît, de corriger deux erreurs qui ont été publiées dans un numéro récent de votre journal : les Chevaliers de Colomb ne sont pas une société secrète, et ils n'ont pas eu besoin d'être approuvés par l'évêque. En faisant cela, vous retirerez à vos lecteurs leur « surprise » et vous ferez une faveur aux « jeunes hommes du diocèse » en éclairant « Clericus » de vos lumières.

Je demeure
Votre serviteur,

M. J. McGivney

Fondateur des Chevaliers de Colomb

Clericus répondit au journal en accusant le père McGivney d'avoir réagi de manière exagérée. C'était peut-être le cas, mais sa lettre était bien plus qu'une simple flèche décochée à Clericus. C'était d'abord une vive dénonciation de toute tentative de le séparer lui, son fondateur, de l'Ordre des Chevaliers de Colomb. Et mieux, encore, c'était une réinterprétation de ce qu'était l'association, à la lumière des décrets du troisième Conseil plénier.

Conseil plénier ?

En insistant sur le fait que l'évêque n'ait pas eu à approuver officiellement les Chevaliers, McGivney semblait se dédire et oublier qu'à une époque, il avait lui-même fièrement déclaré que les Chevaliers de Colomb avaient été formés « avec la permission de notre évêque ». Selon les décrets du troisième Conseil plénier, cependant, il ne s'agissait que d'une approbation informelle; Mgr McMahon n'avait jamais eu à mener d'enquête sur les Chevaliers de Colomb.

Et il n'aurait pas eu de raison de le faire: l'Ordre n'était pas une société secrète, d'après la lettre de 1885 du père McGivney. S'il est vrai que l'association possédait des rituels inconnus du grand public, tout prêtre était libre d'assister à ses réunions. C'était là une porte qui demeurait ouverte et empêchait les Chevaliers de Colomb d'être considérés comme une société secrète.

McGivney, dans sa lettre, évoquait le rapport particulier que les Chevaliers entretenaient avec l'Église. Il ne parlait plus seulement en théorie, mais désormais, d'expérience. L'Église serait aux Chevaliers ce qu'un comptable est à une entreprise: il n'y avait pas de lien ni d'autorité directe, mais pour leur bien, les Chevaliers autorisaient l'Église, par ses prêtres, à mener des audits sur tous les aspects de leurs activités, avec une insistance particulière sur les dimensions spirituelles et morales.

De l'eau avait coulé sous les ponts depuis que Michael McGivney avait fondé les Chevaliers de Colomb mais il continuait à voir l'association avec plus de clarté que tout autre. Depuis son presbytère de Thomaston, il continuait à garder un œil attentif à toute tentative de sape. Il avait raison de se considérer comme leur meilleur défenseur. En août, il accepta de participer au premier défilé organisé par l'Ordre, une première apparition publique audacieuse qui vit plusieurs centaines de Chevaliers en uniforme défiler dans les rues de New Haven. Invité à monter dans un coche pour se joindre aux marcheurs, le père McGivney prit le soin d'inviter l'un de ses collègues aumôniers. Il ne voulait pas qu'on le distingue des autres, particulièrement au sein d'une organisation fondée sur l'esprit fraternel. Après le défilé, il fit un exposé à James Mullen au nom des membres fondateurs du conseil suprême et lui offrit une luxueuse montre de poche pour le remercier de tous les efforts qu'il avait consacrés au développement de l'Ordre.

Alors que l'été 1885 touchait à sa fin, la famille Harwood revint aux États-Unis dans une ambiance triomphale, attendant avec impatience tout ce que le mois d'octobre allait leur apporter. Il y avait beaucoup à faire. Honora, pour sa part, était particulièrement occupée. Elle acceptait cadeau après cadeau de son fiancé, y compris des diamants diversement sertis et « une grande quantité de dentelle ancienne qui avait été portée par la mère de son fiancé à son propre mariage » et que l'on destinait à la création d'une robe. Le mariage promettait d'être l'événement de l'année et beaucoup l'attendaient en ville. Les Harwood devaient donc porter un soin méticuleux à la constitution de la liste des invités. Il n'était pas aisé de les sélectionner, de décider quelles seraient les familles choisies parmi les vieilles ou riches familles de la ville comme les Trowbridge, Hillhouse, Ingersoll et combien pafallait-il en inviter de membres…

Peu de temps après son retour, la famille fut confrontée à un problème plus pressant. Alida avait contracté le paludisme, une maladie qui se répandait dès que l'été était trop chaud et humide, même en Nouvelle-Angleterre. Les conditions étaient malheureusement idéales cette année-là. Cela dit, Alida ne présentait pas de symptômes graves et, puisque c'était une jeune femme de vingt-cinq ans en bonne santé, les médecins ne nourrissaient pas d'inquiétude quant à sa guérison. Elle se reposait pendant la journée mais consacrait tout de même du temps à sa sœur pour l'aider à préparer son mariage. Au moins, elles pouvaient toutes les deux en discuter longuement, à mesure que la date du 7 octobre approchait.

Les invitations furent envoyées à cent cinquante invités lors de la dernière semaine de septembre. Le *New Haven Evening Register* anticipait une « brillante affaire » et le *Morning News* commenta en disant que « la bonne société piétinait d'impatience ».

Le lundi 28 septembre, Honora et une de ses amies se rendirent à New York pour faire des courses pendant un ou deux jours. Dans la soirée du mardi, elle envoya une lettre à ses parents pour les informer qu'elle avait croisé Truman Hemingway à New York, son prétendant sur l'île de Mount Desert, et l'avait épousé. Elle eut la prévenance de joindre à sa lettre une copie du certificat de mariage et manifesta l'espoir qu'ils lui pardonneraient son changement d'avis. Elle conclut en disant que lorsqu'ils recevraient cette lettre le mercredi matin, elle et Truman seraient déjà en mer, à bord du *Werra*, un paquebot qui filait pour l'Allemagne.

Cette fugue fut accueillie à New Haven et New York comme un revirement spectaculaire. Les rumeurs battirent leur plein. Seule une petite partie de New Haven échappa au choc. Les journalistes qui patrouillaient autour de la maison des Harwood ne détectaient aucune présence : les rideaux étaient tirés et presque toutes les lumières de la maison étaient éteintes. Personne n'entrait ni ne sortait. Un ami de la famille déclara que le docteur Harwood ne pourrait jamais se remettre complètement du choc.

Et ce fut avant qu'Harwood ne lise l'article déprimant de l'*Evening Register* du jeudi. Côte à côte se trouvaient dans le journal un article intitulé « La Sensation Harwood » et un second décrivant le programme détaillé et enthousiaste du Congrès épiscopalien qui n'était plus qu'à quelques semaines de son ouverture.

Madame Harwood était tout aussi atteinte que son mari. Quant à Alida, son état s'était aggravé alors que sa sœur était à New York, et elle était désormais alitée en permanence. Sa famille avait peur de lui parler de la fugue de sa sœur, et à raison. Lorsque la vérité lui fut finalement révélée, ses émotions furent trop difficiles à digérer. La fièvre s'empara d'elle et augmenta de jour en jour. Deux semaines plus tard, les meilleurs médecins de la ville se réunirent à son chevet et informèrent monsieur et Madame Harwood qu'Alida n'avait plus aucun espoir de guérison.

Le 14 octobre, Alida était désormais inconsciente la plupart de la journée. Lorsqu'elle arrivait à parler, elle réclamait le père McGivney, « son conseiller spirituel favori et son ami dans toutes les affaires de sa religion », selon les propos d'un témoin. Ses parents ne cédaient pas. Même dans les délires de la douleur, Alida insistait. La dernière volonté qu'elle réussit à exprimer était de voir le père McGivney. Elle voulait qu'il vienne lui donner les derniers sacrements, dont elle pressentait qu'elle avait besoin. À presque quatre heures, le 15 octobre, Alida rendit l'âme.

Deux jours plus tard, Honora et Truman arrivèrent à Brême. Aux États-Unis, des hommes d'Église épiscopaliens quittaient leurs foyers, en partance pour le congrès de New Haven. Pendant ces deux jours, très peu de choses s'étaient passées au presbytère de la Trinité. Le corps d'Alida avait été recouvert de draps blancs mais il n'y avait toujours pas de projets clairs pour son enterrement. Le pasteur Harwood était presque injoignable. Quand il consentit à s'exprimer, il déclara être encore opposé à faire appel à un prêtre catholique, que ce soit McGivney ou un autre. Madame Harwood comprit qu'il ne voulait pas que sa fille lui soit prise, ni en quittant sa maison, ni en quittant la religion à laquelle il avait consacré sa vie. Mais la présence du père McGivney était bien la dernière volonté d'Alida.

À peine Honora et son mari avaient-ils débarqué du *Werra* que le devoir les rappelait de l'autre côté de l'océan. Ils prirent le chemin du retour dès réception du télégramme annonçant la mort d'Alida. À New Haven et à New York, plus personne ne souhaiter vraiment entendre parler d'Honora Harwood Hemingway. Elle n'était plus aussi attirante qu'auparavant – elle n'était plus qu'une belle qui avait brisé trois cœurs de trop.

Madame Harwood ne put ignorer les dernières volontés de sa fille. Le 18 octobre, elle prit une décision. Elle envoya une lettre à Thomaston pour demander au père McGivney de venir chez eux, ce qu'il fit aussitôt.

La vue du père McGivney descendant d'un fiacre pour monter les marches du presbytère de la Trinité nourrit encore plus les rumeurs qui circulaient à New Haven selon lesquelles Alida Harwood était bien morte en tant que catholique. « Il y avait bien eu des rumeurs sur le sujet depuis un moment, écrivit un journal, mais personne, parmi ses amis, ne pouvait croire que la fille du premier homme d'Église épiscopalien du Connecticut soit une convertie. »

Le père McGivney, marqué lui aussi par le chagrin, trouva les Harwood en piteux état, hébétés par la douleur et à peine en mesure de raisonner. Les familles en difficulté l'avaient toujours touché au cœur et les Harwood, quelle que soit leur confession religieuse, n'y firent pas exception. Rien n'était pourtant certain quand il les rencontra pour la première fois. Il n'était même pas sûr qu'on lui laisserait voir le corps de la défunte. À vrai dire, il ne savait quelle serait leur disposition à son égard jusqu'au moment de voir leurs visages défaits.

Avec l'aide de Michael McGivney, les Harwood réussirent finalement à organiser les funérailles de leur fille. Le prêtre les surprit en ne faisant aucune objection à ce que l'office soit de rite épiscopalien. Le père McGivney n'avait jamais entendu parler d'une cérémonie mixte, pour partie catholique et pour partie épiscopalienne, mais il voyait que cela pourrait immensément aider le pasteur Harwood. Il assura son collègue protestant qu'il n'y avait aucune raison, d'un point de vue catholique, de préférer l'un ou l'autre. Il savait en son for intérieur que tant que les prières catholiques étaient lues et l'absolution accordée, ce qui se passerait après ne ferait aucune différence.

Le lendemain, il se rendit au presbytère épiscopalien. Le corps d'Alida reposait dans un cercueil, dans la pièce qui lui avait servi de chambre. Une solide croix d'argent, fournie par ses parents, reposait sur le dessus du cercueil. Les rideaux étaient tirés et la pièce très assombrie. Une demi-douzaine de personnes étaient présentes. Selon un témoin, le père McGivney « en soutane, portant le surplis et l'étole, illuminé par la flamme vacillante d'une bougie, offrait une image difficile à oublier ; et d'une voix tremblant de chagrin, il prononça en latin les prières pour le repos de l'âme de cette belle jeune fille qui reposait dans le cercueil devant lui. » Lorsqu'il eut fini, six personnes portèrent le cercueil jusqu'à l'église de la Trinité. Plusieurs des porteurs étaient des jeunes hommes qui avaient aidé à préparer le mariage d'Honora. L'un des porteurs n'était autre que John Pruyn, l'ancien fiancé éconduit, qui était venu d'Albany pour l'enterrement. L'office épiscopalien se clôtura juste avant seize heures et l'église de la Trinité sonna le requiem.

Ce soir-là, le Congrès des Églises protestantes épiscopaliennes s'ouvrit en présence de nombreux délégués, mais sans son fondateur. « Le pasteur Harwood ne pourra être présent, expliquait un article décrivant la joyeuse ambiance du congrès, car il se rendra ce soir à Hempstead, Long Island, avec la dépouille de sa fille. »

Harwood était au moins sorti de son étude, où il avait laissé un peu de son désespoir. Le père McGivney, qui était arrivé au moment où le célèbre pasteur avait le plus besoin de ses bienveillants conseils, offrit une douce preuve qu'Alida n'avait pas abandonné sa famille en devenant catholique. Le pasteur ne devait pas concevoir en ces termes une séparation d'avec sa fille. Elle demeurerait son enfant, et rien n'y changerait.

CHAPITRE 15

UNE VIE DE PRÊTRE

Tout était silencieux autour de Saint-Thomas pendant la nuit du 16 décembre 1885. L'église était isolée sur une hauteur du centre de Thomaston et rien ni personne ne venait rompre ce silence. C'était un épais bâtiment de grès brun, avec une tour carrée qui ornait le côté gauche de son fronton. Elle avait été construite par feu le père Eugene Gaffney, qui avait apparemment privilégié la solidité à l'esthétique. Le père Gaffney avait aussi supervisé la construction du presbytère sur le terrain adjacent.

Cette nuit-là, tout n'était pas aussi calme à l'intérieur du presbytère. Deux voleurs s'étaient introduits par effraction au rez-de-chaussée et s'étaient immédiatement dirigés vers le coffre-fort du père McGivney, sans rien voler d'autre. Leur plan n'était pas aussi hardi que de voler la quête en pleine messe du dimanche, mais presque. McGivney dormait à l'étage, ignorant tout de ce qui se passait en bas. D'autres employés de la paroisse y dormaient aussi. Les deux voleurs continuaient leur travail et perçaient des trous dans l'épaisse porte d'acier du coffre-fort. Ils savaient exactement où percer pour ouvrir la porte mais, sans outils électriques, la tâche était ardue, même si une chignole opérée manuellement faisait nettement moins de bruit que ne l'aurait fait une potentielle perceuse. Les personnes qui dormaient à l'étage du dessus ne pouvaient pas les entendre.

Le chien du presbytère, quant à lui, ne dormait pas aussi profondément. Il était enfermé dans la cave pour la nuit mais dès qu'il sentit la présence des voleurs, il déclencha un barrage d'aboiements. Le temps que le père McGivney soit réveillé et descende pour s'enquérir de ce qui se passait, les voleurs avaient déguerpi. Ils ne furent jamais pris sur le fait mais le père avait une idée de leur identité. Ils n'étaient probablement pas de Thomaston.

Thomaston était une ville de fabricants d'horloges qui tenait son nom de Seth Thomas, l'horloger le plus connu du pays. Elle abritait, sans surprise, son entreprise florissante, que son fils avait développée avant de faire don à l'Église des terrains sur lesquels Saint-Thomas avait été bâtie. Les voleurs pouvaient donc être originaires de Thomaston, mais il était plus probable qu'ils soient venus de Terryville.

Terryville était spécialisée dans la fabrication de serrures, et elle abritait la gigantesque Eagle Lock Company qui fabriquait aussi des coffres-forts. Si le père McGivney avait des soupçons, ils étaient probablement dirigés vers Terryville. Quoi qu'il en soit, l'affaire de la tentative de vol au presbytère ne fut jamais élucidée.

Qu'il s'agisse de la fabrication d'horloges ou de serrures, les villes de Thomaston et Terryville attiraient des travailleurs immigrés du même type que ceux qui étaient responsables de l'incroyable développement de l'Église catholique aux États-Unis à la fin du XIXe siècle.

Comme il le réalisa rapidement, sa paroisse de Thomaston était très différente de Sainte-Marie. La population était plus uniformément ouvrière, ce qui signifiait que moins d'habitants vivaient dans la misère que dans une grande ville comme New Haven. D'un autre côté, la paroisse ne comptait pas de ces gens ambitieux et éduqués qui avaient gravité autour du père McGivney à Sainte-Marie.

Il approchait toutes les personnes de la même manière, mais les conversations stimulantes qu'il avait pu avoir à New Haven avec des Edward Downes, des Stephen Maher et des Cornelius Driscoll lui manquaient. À Thomaston, il se fit un bon ami en la personne de Tim Burns, un épicier, et il devint aussi un proche de la grande famille Mack qui possédait la salle de patin à roulettes locale. Mais ce manque d'amis proches dont il avait profité à New Haven, était compensé par la présence proche de Waterbury, à quinze kilomètres de Thomaston.

Le père McGivney avait assez de temps pour rendre des visites fréquentes à sa mère et à sa sœur Annie, qui faisait des études pour devenir enseignante. Dans leur maison de Railroad Hill Street, il était simplement Michael, comme il l'avait toujours été. John et Patrick, ses deux jeunes frères, étaient encore élèves au lycée et ils lui apportaient beaucoup de joie en lui confiant leur désir sincère de le suivre dans la vocation sacerdotale. De temps en temps, McGivney prononçait une homélie lors des offices célébrés dans son église d'enfance, l'Immaculée-Conception, renforçant ainsi d'autant plus ses anciennes attaches et retrouvant ses amis. Après avoir passé une douzaine d'années éloigné d'eux, il les trouvait probablement plus importants que jamais.

En mars 1886, il reçut une nouvelle d'un genre tragiquement familier : un autre de ses amis prêtres était mort. C'était le père Lawlor, qui était aussi son beau-frère par alliance. Curé de Sainte-Marie à New Haven, Patrick Lawlor l'avait toujours soutenu. À seulement quarante-cinq ans et après quatre ans de maladie, il avait succombé à ce qui fut décrit comme une « congestion cérébrale ». La plupart des paroissiens et certains articles nécrologiques attribuèrent sa mort au stress que lui causait la dette de sa paroisse. Michael McGivney était présent aux funérailles et en le voyant de retour à New Haven, nombreux furent ceux qui prédirent qu'il serait le nouveau curé. Ce ne fut pas le cas.

L'évêque n'avait peut-être pas le cœur de demander à un prêtre de reprendre cette responsabilité qui ressemblait à une condamnation à mort. Dans les années 1880, le diocèse savait que l'espérance de vie des prêtres de paroisse était faible, quelles que soient les circonstances. Entre 1874 et 1886, le diocèse de Hartford comptait des effectifs moyens constants de quatre-vingt-trois prêtres. Pendant cette période, il y eut soixante-dix décès de prêtres diocésains, soit un taux de 85 % sur une douzaine d'années. En devenant prêtre, un jeune homme savait qu'il avait peu de chances d'atteindre les cinquante ans et aucune chance d'atteindre les soixante-dix. L'une des raisons était l'exposition aux maladies mais c'était a priori également le cas des pasteurs protestants qui rendaient eux aussi des visites aux malades et aux miséreux ; or au Connecticut au XIXe siècle, nombre de pasteurs célébraient leurs jubilés d'argent.

Le fait est que les prêtres étaient happés par un cercle vicieux. Ils travaillaient trop car ils n'étaient pas assez nombreux pour servir une population catholique qui avait depuis longtemps dépassé les 150 000 fidèles pour le seul Connecticut. La faible espérance de vie du prêtre moyen augmentait encore la charge de ceux qui restaient en vie et le cycle se perpétuait.

Ainsi, en 1886, le père McGivney ne reçut pas la charge de la paroisse de Sainte-Marie. L'évêque ne pouvait pas se permettre de le sacrifier à cette sorte de broyeuse qu'était la dette de la paroisse. À la place, il céda l'administration de Sainte-Marie à l'ordre des Frères prêcheurs, mieux connus sous le nom de dominicains. Avec le soutien et les ressources d'une organisation religieuse d'envergure internationale, le nouveau curé de Sainte-Marie, le père Arthur V. Higgins, put affronter cette dette colossale avec un semblant d'espoir.

Presque au même moment, le prêtre qui avait la charge de l'église de Terryville fut assigné à d'autres tâches et l'église de Terryville fut adjointe à la paroisse Saint-Thomas. Le manque de prêtres affectait directement le père McGivney, dont la charge de travail doubla immédiatement. Les deux villes avaient beau n'être distantes que de cinq kilomètres à vol d'oiseau, le trajet en voiture à cheval n'était pas aisé car le terrain était vallonné et difficile d'accès, même par beau temps. Le dimanche, McGivney célébrait la messe à Thomaston à huit heures du matin, se rendait à Terryville pour célébrer celle de neuf heures trente, puis retournait à Thomaston pour un deuxième service à onze heures. Par un beau jour d'été, ce devait être agréable.

Sa charge était énorme, même sans l'ajout de Terryville. En plus de toutes les responsabilités de son ministère, il mettait en scène une production de *Handy Andy* donnée par la Société de doctrine chrétienne au théâtre de Thomaston. Le clou de la soirée se produisit lorsque J. J. Mack, le gérant de la salle de patin à roulettes, se fit une entorse au genou en traversant la scène. Il devait être nerveux. Bien sûr, la pièce fut interrompue jusqu'à ce que tout le monde parmi les acteurs et dans le public s'assure qu'il allait bien, puis ce furent des commentaires sans fin sur le fait qu'il pouvait se tenir toute la journée sur des patins mais qu'il lui avait été impossible de traverser la scène sans se blesser.

McGivney fit aussi renaître de ses cendres la société du Saint-Nom, une fraternité de prière et de pénitence d'inspiration dominicaine. Il organisait les fêtes paroissiales bisannuelles, suscitait l'enthousiasme des jeunes qui assistaient au catéchisme et servait comme aumônier du Conseil local des Chevaliers de Colomb. Il se voyait aussi probablement devenir l'un des entraîneurs de l'équipe de base-ball que le Conseil projetait de créer – il n'était pas bien difficile de deviner qui avait pu être derrière cette idée…

Les paroissiens étaient un peu secoués par l'énergie du père McGivney. Quelqu'un le qualifia de « zélé », ce qui était une façon de voir les choses. Une autre façon était de constater son amour pour ses paroissiens. Au lieu de travailler avec eux à de grands desseins, la chose qu'il aimait le mieux était de prendre du recul pour les voir travailler ensemble sous le patronage du Christ.

Le père McGivney était un véritable impresario, ne serait-ce que parce qu'il savait faire aboutir ses projets. Et dans le sens le plus exact du terme, il avait un talent naturel de metteur en scène dont attestait la critique, les journaux prenant note encore et encore des performances qu'il arrivait à tirer de ses acteurs malgré leurs limites naturelles.

Le père McGivney était sans aucun doute sensible à la musique et au pouvoir qu'elle avait d'inspirer les autres – ou de les irriter. Et face à la chorale de Saint-Thomas, c'était plutôt la seconde impression qui le dominait. Deux ans après son arrivée, pris d'une inspiration, il invita sa sœur Annie à jouer de l'orgue à Saint-Thomas et à diriger les chanteurs. « Notre chorale est en train de progresser très rapidement sous la direction de Mademoiselle Annie McGivney », rapporta un paroissien en avril 1886. Pendant cinq semaines cet automne-là, le père McGivney se consacra à la mise en scène de sa propre troupe, celle des enfants du catéchisme qui se préparaient à jouer une pièce pour Thanksgiving. Il ne s'agissait pas d'un bref récital joué l'après-midi mais bien d'une véritable production, donnée à la salle de théâtre de Thomaston. Une semaine avant la première, McGivney conduisait sa voiture à Waterbury lorsque son cheval paniqua soudainement. L'animal fit un tel soubresaut que le père McGivney eut du mal à le calmer et la pauvre bête alla s'encastrer sur une barrière en fonte, se blessant mortellement. Le cheval emporta la voiture avec lui mais fort heureusement, son passager parvint à sauter du véhicule et s'en tira sans blessure. Il n'eut même pas à manquer la moindre répétition !

La veille de Thanksgiving, un public considérable était massé devant le théâtre de la ville pour voir de quoi il retournait et beaucoup, dans la foule, n'étaient pas de la famille des acteurs, ce qui, pour une pièce jouée par les enfants du catéchisme, était remarquable. Les scènes s'enchaînaient et un gamin nommé Joe Conway, qui jouait le personnage de *Medicine Jack*, fit rire la salle aux éclats. James Morris les émut aux larmes et les fit « applaudir à tout rompre » en chantant une ballade intitulée « Ma mère et moi ». Michael McGivney avait su conquérir son public – mais uniquement parce que ses acteurs étaient suffisamment à l'aise pour donner le meilleur d'eux-mêmes.

« Il a vraiment été le meilleur allié des jeunes depuis qu'il est ici », s'émerveillait un paroissien de Saint-Thomas. Hormis les activités organisées par la paroisse, McGivney se rendait disponible auprès des jeunes pour leur donner une véritable direction spirituelle ou pour parler de tout et de rien. Dans chaque situation, heureuse ou grave, il manifestait les mêmes solides convictions. Les enfants et les adolescents qui essayaient de comprendre la vie pouvaient compter sur lui, à défaut des autres.

En 1887, il eut la rare satisfaction de pouvoir annoncer à sa congrégation que la paroisse de Thomaston n'avait « plus un seul centime de dette ». L'année suivante, il put même faire installer quelques conforts modernes au presbytère. Il y eut d'abord l'électricité, qui lui fut d'un grand secours et ensuite le téléphone, commodité que ses paroissiens apprécièrent particulièrement puisqu'il devenait joignable chez lui, ce qui fut pour lui à la fois une bonne et une mauvaise chose.

« Si le père McGivney avait la moindre ambition en ce bas monde, commenta le père Joseph Daley, c'était celle de faire donner à ses frères une bonne éducation. » Lorsqu'il quitta le lycée de Waterbury, John McGivney en était le major de promotion.

Le vœu le plus cher du père McGivney, toujours selon le père Daley, était que ses frères John et Patrick deviennent un jour prêtres. Ils avaient tous deux choisi cette voie et suivaient les cours d'un séminaire près de Boston lorsque leur mère Mary McGivney tomba malade en 1888 ; ils rentrèrent immédiatement chez eux pour la voir. Le père McGivney était déjà à ses côtés dans la maison de Railroad

Hill Street. Le 8 décembre, elle mourut. Pour ses funérailles, son fils Michael célébra une messe de requiem chantée.

En 1888, les Chevaliers de Colomb comptaient 43 Conseils et 4 020 membres. Le père McGivney était resté discrètement impliqué mais il se tenait éloigné de toutes les luttes de pouvoir qu'occasionnait la croissance très rapide de l'organisation. Il n'avait pas grand-chose à dire non plus sur la motion visant à remplacer le Conseil suprême par un Bureau administratif plus professionnel, qui fut finalement votée. Le Bureau fut chargé d'élire un nouveau Chevalier suprême. John Phelan, un avocat de Bridgeport, fut choisi.

Le père McGivney était surtout soucieux que l'association demeure fidèle à ses principes fondateurs, c'est-à-dire aux sujets qui préoccupaient le plus les familles. La femme d'un Chevalier de New London écrivit un poème qui évoquait ces sujets. Les rimes étaient un peu faibles mais le poème était flatteur en ce qu'il réitérait les objectifs de McGivney et prouvait qu'ils étaient toujours préservés, malgré les luttes qui agitaient les sommets de l'organisation. Publié dans plusieurs journaux du Connecticut, il évoquait notamment :

La veuve et l'orphelin sont aidés par leur main
Au passage du père ainsi que du mari
Fidèles à leur foi, par laquelle ils tiendront
Jusqu'à ce que la mort vienne les emporter.

Dès qu'un vicaire fut nommé dans sa paroisse de Thomaston, le père McGivney disposa d'assez de temps libre pour pouvoir s'impliquer dans le développement le plus significatif qu'aient connu les Chevaliers de Colomb depuis leur fondation six ans auparavant : un groupe d'hommes de Providence, Rhode Island, demandait la permission de créer un Conseil local – le premier en dehors de l'État du Connecticut.

Le 8 juillet, le Conseil de Tyler fut créé à Providence. Selon le rapport d'un des premiers responsables de ce groupe, qui signa du nom de « Tempus », la cérémonie fut passionnante. Cependant, presque rien ne se passa pendant les six mois qui suivirent. Les membres potentiels attendaient de recevoir les encouragements des prêtres, qui attendaient les encouragements de leur évêque Mgr Harkins, lequel ne semblait pas s'intéresser plus que cela aux Chevaliers de Colomb. Fort de cela, le processus entamé à Providence fut mis à l'arrêt.

À la demande du Chevalier suprême Phelan, le père McGivney fit le trajet jusqu'à Rhode Island en janvier 1889. Son premier rendez-vous était avec l'évêque de Providence. Comme l'expliquait Tempus, « l'aumônier de l'Ordre se rendit à Providence et présenta à Mgr Harkins le but de l'organisation et tout le travail qu'elle avait fourni jusque-là. L'évêque donna son approbation et naturellement, ses prêtres le suivirent. Le père McGivney conseilla ensuite de tenir une réunion publique et, le soir du mardi 22 janvier, la salle de réception du Conseil de Tyler débordait de personnes intéressées. » McGivney retourna à Providence et s'exprima lors de la réunion, ce qui marqua le vrai lancement du Conseil de Tyler et du développement des Chevaliers de Colomb en dehors des frontières de leur État d'origine et même, à terme, de leur pays d'origine.

Ces voyages à Providence furent les derniers efforts marquants de Michael McGivney en faveur des Chevaliers de Colomb. En 1889, l'année de ses trente-sept ans, sa santé commença à décliner. Cette maladie particulière, cette forme de fatigue extrême que connaissaient tous les prêtres du XIXe siècle, finit par avoir raison de lui. Il était désormais vulnérable au moindre mal qui circulait parmi ses paroissiens de Thomaston. Cette année-là, il fut régulièrement atteint d'un mauvais rhume mais il continua à assurer son ministère à Saint-Thomas et à l'église de Terryville. La dernière semaine de novembre, il supervisa même l'organisation de l'une de ces kermesses si populaires dont il avait le secret. En décembre, il contracta la grippe. En janvier 1890, elle s'était muée en pneumonie.

Alors qu'il était alité, la grippe se répandait dans le pays. Il finit par guérir, mais il était désormais marqué par une faiblesse physique qu'il n'arrivait plus à dominer. Il partit en voyage en Virginie en mars, dans l'espoir de recouvrer un peu de ses forces naturelles. Il laissait la paroisse entre les mains de son vicaire. C'était un rappel ironique de sa propre situation à New Haven, quand le père Murphy multipliait les cures dans l'espoir de retrouver sa vivacité perdue, pendant qu'il laissait sa charge entre les mains de McGivney, l'enfant chéri de la paroisse.

À son retour de Virginie, il passa deux semaines à New Haven pour recevoir les soins du docteur Bacon, celui-là même qui l'avait accompagné au chevet du père Carmody sept ans plus tôt. Le médecin ne put pas faire grand-chose ; la grippe semblait avoir laissé le système immunitaire du père McGivney dans un état lamentable. Émacié et pâle, il se rendit à New York pour consulter des spécialistes. Il voulait retrouver sa santé : ses paroissiens avaient besoin de lui. Il fit ensuite un autre voyage, dans le sud des États-Unis cette fois, dont il revint en juin. Le mois suivant, il se retrouvait cloué au lit à Thomaston, incapable de se lever. Il avait encore toutes ses facultés mentales et d'une voix rauque, il demandait régulièrement des nouvelles de tel ou tel de ses paroissiens. Conscient qu'il était en train de mourir, il avait l'âme en paix. Pendant les dernières rechutes de la maladie de son amie bien-aimée Mary Ann Gaffney Sellwood neuf ans plus tôt, il avait été impressionné par son calme. Elle était avec le Christ alors que la mort l'approchait. Il lui avait souvent répété qu'il espérait être aussi prêt qu'elle à rencontrer Dieu, lorsque le jour viendrait. En ce lent mois d'août 1890, le père McGivney était prêt. Il semblerait qu'en ayant aidé des centaines d'autres catholiques à franchir ce pas, il s'y soit préparé lui-même. Le seul regret qu'il exprima fut de ne pas pouvoir être présent à l'ordination de ses deux jeunes frères.

Le père McGivney mourut le matin du 14 août 1890, deux jours après son trente-huitième anniversaire. Une messe solennelle de requiem fut célébrée pour confier son âme au repos éternel, ce qui laissait à ceux qui restaient sur cette terre le soin de se souvenir de lui. Un sermon fut prononcé par le curé de Sainte-Marie à New Haven. Les responsables des Chevaliers de Colomb firent don d'une grande croix de fleurs barrée des mots « Fondateur » et « Aumônier ». À Saint-Thomas, une foule se massa dans l'église et sur son esplanade de gazon.

Le père McGivney avait accompli quelque chose que peu d'autres avaient fait, particulièrement dans la période moderne : il avait perçu l'opportunité d'un projet et l'avait saisie, concrétisée et développée jusqu'à son succès ; cette idée, il l'avait rendue célèbre et puissante ;

puis, de son propre chef, ayant laissé sa marque, il avait fait le choix de retourner à sa vocation première.

Il avait magistralement exercé son rôle dans l'histoire en reconnaissant les dangers qui planaient sur les hommes catholiques dans cette Amérique du XIXe siècle en pleine urbanisation. Le fait qu'il ait su apporter une réponse à ce qu'il avait vu, en fondant les Chevaliers de Colomb, lui donna un rôle crucial à un tournant critique de l'histoire de la société américaine. L'autre don qu'il avait fait à l'histoire était celui, tout aussi important, de vivre la vocation de simple prêtre de paroisse qu'il avait désirée.

Devenir prêtre l'avait changé : il avait vécu une vie relativement abritée et douce jusqu'à son ordination. Il devint plus actif qu'il ne l'avait jamais été, plus extraverti, appliquant son optimisme naturel à ses plans et projets. Il devint aussi plus ferme – il n'avait pas le choix de faire autrement. Deux aspects de sa vie, pourtant, ne changèrent jamais, des premiers jours jusqu'aux derniers. Le premier fut sa foi catholique. Pour le meilleur et pour le pire, il ne la questionna jamais ni ne douta d'elle. Il croyait, tout simplement, et avec une impérieuse certitude. Le second aspect immuable de sa vie fut sa profonde empathie. Il était animé d'un esprit de bonté extraordinaire pour son temps. Et c'était ce qui le transformait en apôtre vivant du Christ.

Sa vie ne se caractérisa pourtant pas par des actes d'éclat ou des moments particulièrement grandioses. Sa puissance résidait dans son humilité de tous les instants, humilité qui se sentait aux moindres détails. Et quelle meilleure épitaphe que celle, involontaire, qui transparaissait dans un article sans prétention d'un journal de Waterbury paru quelques années avant sa mort : « Nous avons malencontreusement omis de citer le père McGivney dans notre numéro d'hier, alors qu'il faisait partie des orateurs à l'opéra qui se sont exprimés pour la journée de commémoration des anciens combattants. Bien que ses remarques aient été brèves, elles furent reçues avec enthousiasme et le public lui accorda des applaudissements plus nourris qu'aux autres intervenants. » Tel était le père McGivney : il touchait toujours au cœur, jusque dans les moments les moins importants ou les plus légers. Tel était son caractère, et pour ceux qui le connurent, il demeura inoubliable.

Épilogue

Si quelqu'un veut me servir, qu'il me suive ; et là où moi je suis,
là aussi sera mon serviteur. Si quelqu'un me sert,
mon Père l'honorera.
Jn, 12, 26

Au moment de la mort du père Michael McGivney en 1890, les Chevaliers de Colomb rassemblaient 6 000 membres. Cette année-là, la grippe fut meurtrière et des allocations spéciales pour les familles des morts furent versées à trente-six familles différentes. L'une de ces allocations, d'un montant de 1 000 $, fut destinée à Annie et Maggie McGivney, les sœurs de Michael. Plus tard, Maggie se maria, suivant les pas de ses deux sœurs aînées. Annie McGivney resta célibataire et devint une enseignante reconnue à Waterbury.

D'après le testament du père McGivney, environ la moitié de ses biens, d'une valeur totale de 5 883,66 $, fut léguée à ses quatre sœurs. Il laissa sa collection de livres et sa montre en or à son frère Patrick, qui était sur le point de terminer son séminaire. Il demanda aussi que Patrick, en tant qu'exécuteur testamentaire, consacre 2 000 $ à l'éducation de John McGivney, le plus jeune des frères. Enfin, par un codicille ajouté seulement quelques jours avant sa mort, Michael demandait que 500 $ soient dépensés pour des pierres tombales marquant les sépultures de ses « parents bien-aimés » ainsi que la sienne. John et Patrick McGivney furent tous deux ordonnés prêtres, réalisant ainsi le vœu de leur frère. Chacun des deux frères devint plus tard Aumônier suprême des Chevaliers de Colomb, de même que l'un des neveux du père McGivney. En fait, il fallut attendre les années 1930 pour qu'un Aumônier suprême qui ne soit pas lié à la famille McGivney soit nommé !

Les Chevaliers de Colomb n'oublièrent ni Michael McGivney ni son rôle de fondateur et ils continuèrent à l'honorer année après année, lors de réunions ou à l'occasion de publications officielles. Ce qui le prémunissait de l'oubli n'était pas seulement son rôle dans la création de l'ordre ; c'était surtout que l'esprit qu'il avait insufflé continuait à animer celui-ci. Fidèle aux idées d'origine du père McGivney, le groupe concentrait ses efforts sur le soutien des membres et de leurs familles. En 1922, quand l'organisation célébra son quarantième anniversaire, elle comptait 800 000 membres.

Aujourd'hui, les Chevaliers de Colomb comptent plus de deux millions de membres répartis entre les États-Unis, le Canada, les Philippines, le Mexique, la République dominicaine, Porto Rico, le Panama, les Bahamas, les Îles vierges, le Guatemala, Guam, et Saipan. Ils sont en plein développement en Pologne et désormais en France. Le principal objet de l'ordre est toujours d'aider les hommes à s'occuper de leurs familles, spirituellement et aussi matériellement. Désormais, aux États-Unis et Canada, pays abritant l'activité d'assurance-vie, les jours où les primes d'assurances étaient distribuées au cas par cas en fonction de conditions particulières sont dépassés depuis longtemps. Le seul point sur lequel les Chevaliers se sont développés au-delà de ce qu'avait envisagé Michael McGivney sont les contributions charitables. En une seule année, en 2020, les contributions totales des conseils locaux et nationaux se sont montées à plus de 180 millions – millions de dollars. Le groupe est aussi très engagé dans l'attribution de bourses d'études ainsi que dans d'autres causes liées à l'éducation, ce qui correspond aux priorités qu'aurait eues le père McGivney.

Son rôle dans la fondation des Chevaliers de Colomb est peut-être ce qui le fait connaître de nos jours, mais son héritage le plus personnel fut certainement l'influence qu'il exerça en tant que prêtre sur la vie des uns et des autres. Alfred Downes, l'adolescent en faveur duquel il avait témoigné au tribunal en 1882, sortit diplômé de la prestigieuse faculté de droit de Yale et tint plus tard le rôle important et influent de secrétaire du maire de New York. Alfred s'y maria et s'y établit, et il devint ensuite le directeur des sapeurs-pompiers jusqu'à sa mort en 1907. Il écrivit par ailleurs un ouvrage sur l'héroïsme des chevaux du corps des sapeurs-pompiers de New York.

Edward Downes Junior, le frère aîné d'Alfred, séminariste qui avait dû abandonner ses études pour s'occuper de la papeterie familiale, fut lui aussi diplômé de la faculté de droit de Yale, dont il suivit les cours dès que la situation familiale le lui permit. Downes était naturellement doué pour la politique et il fut élu au conseil municipal de New Haven en 1888. Il demeura proche du père McGivney et prononça un éloge en sa mémoire lors d'une réunion des Chevaliers en 1891. De plus en plus reconnu à l'échelon national, Downes fut ensuite promu au rang de consul général des États-Unis à Amsterdam. Lorsque son mandat arriva à son terme en 1897, il surprit tout son monde en renonçant à sa carrière politique et administrative pour poursuivre son premier rêve, celui de devenir prêtre. Il fut ordonné en 1900 et servit avec foi jusqu'à sa mort en 1921.

David Hillhouse Buel, qui avait lui aussi suivi le père McGivney dans la voie de la prêtrise, rejoignit la Société de Jésus. Le père Buel se consacra à l'éducation, comme le font souvent les jésuites. Il se distingua comme président de l'université de Georgetown à Washington. Buel rendit pourtant son habit en 1912, se maria cette année-là et poursuivit sa vie comme pasteur épiscopalien.

Stephen Maher, le journaliste qui fut l'un des amis proches du père McGivney, fut ensuite diplômé de la faculté de médecine de Yale, en 1888. Il consacra la plus grande partie de sa carrière au traitement de la tuberculose. Il isola les composants chimiques permettant de stopper diverses complications dues à la maladie et supervisa la construction de cinq sanatoriums publics. Le pape Pie XI, reconnaissant pour son action, éleva le docteur Maher au rang de chevalier de Saint-Grégoire-le-Grand en 1939.

En 1997, Daniel A. Cronin, archevêque du diocèse d'Hartford, donna son feu vert au lancement de la campagne pour la canonisation du père Michael J. McGivney. Le lancement du procès de canonisation permettrait désormais de qualifier le père McGivney de « serviteur de Dieu », une appellation réservée à ceux dont on examine la possible sainteté. L'une des premières mesures de Mgr Cronin fut de nommer un « postulateur de la cause », le père Gabriel O'Donnell. Le postulateur remplit à la fois les rôles de chercheur et d'avocat de la cause, qu'il défendit à travers les nombreuses étapes du processus.

Pendant trois ans, le père O'Donnell effectua des recherches sur la vie du père McGivney en fouillant les archives disponibles, et produisit un document de 700 pages qualifié d'« actes ». Durant l'année 2000, ces actes furent présentés à la Congrégation pour les causes des saints au Vatican. Se fondant sur l'impression que lui avait faite la présentation de ces Actes, la Congrégation prit la décision d'adopter le dossier et de nommer un rapporteur chargé de suivre le processus de canonisation. Le rapporteur en chef de la Congrégation, le père Ambroise Eszer, O. P., fut nommé « rapporteur de la cause » du père McGivney.

La Congrégation pour les causes des saints évalue non seulement les actes et les documents associés, mais aussi la documentation associée à au moins un miracle directement attribué à l'intercession, dans ce cas, du père McGivney. Un miracle est vu comme un signe de Dieu que la personne dont on examine la possible sainteté a reçu son approbation. Lorsque la Congrégation approuve un premier miracle, la personne en question peut être béatifiée. Elle peut alors être qualifiée de « serviteur béni de Dieu ». Lorsqu'un deuxième miracle est reconnu, le procès en canonisation est complété et la sainteté déclarée.

POSTFACE

Une fécondité française

Depuis le début de son pontificat, le pape François invite les chrétiens à… se décentrer.

L'exercice consiste à s'extraire d'une forme d'autoréférence pour adopter une position de recul et de sagesse, de celle qui aide à mieux voir et comprendre le monde ; voir large, grand et profond pour mieux nous arrimer sur le seul centre : Jésus-Christ.

Pour les Français, lire et découvrir cette vie du bienheureux Michael McGivney, acteur de l'Amérique pionnière et conquérante de la fin du XIXe siècle, relève de cette ascèse du décentrement.

Elle permet de mieux appréhender avec tendresse et empathie, les combats si singuliers de la communauté catholique de la côte est des États-Unis, à l'issue de la guerre de Sécession.

En plongeant dans ce récit *made in America*, le lecteur comprend mieux l'ardeur des prêtres engagés auprès de leurs fidèles, dans la position inconfortable d'une minorité religieuse et culturelle, pauvre et immigrée.

Formée par des figures missionnaires souvent françaises, cette minorité catholique veut elle aussi participer au rêve américain. Elle ne se bat pas seulement pour survivre mais d'abord pour exister, pour bientôt servir et honorer l'histoire de la jeune nation américaine.

La vie du père McGivney peut inspirer de nombreux prêtres contemporains, en particulier sur le sol européen, dans un contexte où le catholicisme en déclin semble être pris sévèrement en étau entre un laïcisme athée et un islam conquérant.

Ce prêtre, dynamique par ses actions et son tempérament, n'est pourtant pas un surhomme. Il n'est ni un prophète, ni un mystique, ni un entrepreneur charismatique à succès, ni même un brillant administrateur de l'institution ecclésiale. Il est un prêtre de paroisse, enraciné dans une foi sobre et simple.

L'homme est besogneux, curieux et déterminé. Loin de fuir le monde, il s'y plonge pour mieux le comprendre, l'aimer et bientôt le transformer. Dans ses apostolats, le jeune abbé applique déjà la célèbre devise de son contemporain Don Bosco : « Aimez ce qu'ils aiment, ils aimeront ce que vous aimez ».

Face à la détresse de ses fidèles, il fait sien le courage créatif[7] de saint Joseph, invoqué par le pape François, préférant toujours l'action au bavardage.

Au gré de grandes amitiés et d'intuitions partagées, le jeune vicaire réfléchit, compare, investigue. Son seul but : sauver et pérenniser le trésor de la foi catholique sur cette terre américaine. Son projet : entreprendre pour créer l'environnement spirituel et culturel – donc aussi civilisationnel – pour parvenir à cette finalité missionnaire.

En s'attaquant à la précarité matérielle des catholiques, il lutte concrètement et subtilement pour que l'argent reste à sa place, celle d'un simple serviteur. En créant une société d'assurance-vie[8] pour les catholiques, il répond à un besoin concret d'ordre matériel. Mais très vite, à la mutualisation des économies vient s'ajouter la mutualisation des peines et des joies, des grâces et des bénédictions. C'est dans cet état d'esprit qu'il fonde les *Knights of Columbus*, ces Chevaliers de Colomb, confrérie d'hommes serviteurs de l'unité des paroisses.

De façon inspirée, sans s'identifier à son œuvre, il confie de son vivant l'entière responsabilité de cette organisation très hybride[9] à des hommes laïcs : une compagnie d'assurance-vie doublée d'une confrérie spirituelle autour des paroisses.

Par ce geste inédit d'effacement, il anticipe – avant Vatican II – la reconnaissance de la juste autonomie des activités temporelles et

7 Pape François, Lettre apostolique *Patris Corde* – 8 décembre 2020

8 Aujourd'hui, le système d'assurance développé par les Chevaliers de Colomb ne s'adresse qu'aux citoyens américains et canadiens, soit près de 1,5 million de personnes. Les membres présents au Mexique, aux Philippines, en Pologne, Ukraine et en France poursuivent des programmes caritatifs et des projets spirituels autour des conseils paroissiaux.

9 Et incompréhensible pour les Français, marqués par la laïcité dans un contexte de catholicisme perçu comme dominant.

accélère la responsabilisation des laïcs pour servir l'évangélisation, nourris par la vie sacramentelle apportée par les prêtres.

Sa vision pour l'organisation de ses Chevaliers, serviteurs de leurs prochains, repose sur trois principaux piliers.

Le premier est de réaligner les hommes catholiques sur leur devoir d'état. En souscrivant à cette sécurité sociale catholique, les hommes sont préservés de la précarité matérielle. Arrimés à leurs paroisses, ils peuvent ensuite être accompagnés pour être de bons maris, de courageux travailleurs et de fervents chrétiens. Unis à leurs frères paroissiens, compagnons de charité chevaleresque, ils sont affermis pour affronter les combats du quotidien.[10]. Organisés sous la forme de conseils autour des paroisses, ils sont aujourd'hui près de 2 millions, rassemblés en plus de seize mille « bandes de frères », présents dans plus de dix pays dans le monde. L'esprit de chevalerie repose sur la force du service et la tendresse de la charité.

Le second pilier est le soutien fraternel des prêtres et cette quête inlassable de l'unité au sein de l'Église catholique. Depuis des générations, toutes les sensibilités religieuses se retrouvent et coopèrent au service de la charité et de la foi en actes, concrète et incarnée, prônée par cette confrérie. Les prêtres sont des frères dans la foi, ils sont choisis pour donner Jésus par les sacrements. Comme le fer s'aiguise avec le fer[11], chaque homme s'aiguise au contact de son prochain. Au sein des conseils, les prêtres sont des frères complices et cette relation de fraternité baptismale repose sur la confiance et l'exigence pour servir le troisième pilier de la vision de l'abbé McGivney : l'évangélisation de nos pays.

Car, outre la charité, l'unité et la fraternité, le dernier principe des Chevaliers est le patriotisme. Lier patriotisme et évangélisation, c'est vouloir le meilleur pour son pays. Ce meilleur, c'est la rencontre de nos compatriotes avec le Christ. La charité est le meilleur agent de lien social. En aimant et servant leur pays, par les actes concrets davantage que par les paroles et de la communication sophistiquée,

10 Cette entraide demeure d'une grande actualité. La richesse des pèlerinages d'hommes et de pères de famille repose sur ces temps de partage où les hommes tombent le masque et confient à leurs frères pèlerins toutes leurs vulnérabilités. L'homme ne juge pas. Il écoute et il aide.

11 Livre des Proverbes 27, 17.

les Chevaliers souscrivent à une évangélisation par l'attraction en accompagnant des projets enracinés sur le terrain.

En rejoignant le cortège des bienheureux, l'abbé McGivney est honoré par l'Église universelle comme un modèle inspirant pour chaque prêtre, pasteur de son troupeau. Décédé d'une épidémie de type Covid, il s'est consumé pour les familles, afin que par l'implication exemplaire des pères, elles soient des écrins pour la croissance de la foi catholique et donc, le salut de leurs membres.

Il est émouvant de découvrir qu'un bon père sulpicien français, le Père Magnien, aura été le principal formateur du jeune McGivney au séminaire Sainte Mary de Baltimore. Dans un autre registre, à l'issue du premier conflit mondial, le fervent maréchal Foch[12] rejoindra les rangs des Chevaliers.

La période nous offre l'opportunité de méditer cette consigne militaire du Maréchal, qui peut avoir des résonances pour la vie spirituelle, en ces temps d'urgence missionnaire autour de la transmission de notre foi. Il disait ainsi : « Maintenir ses positions n'est pas synonyme d'être victorieux ; on se prépare implicitement à la défaite si l'on en reste là, si l'on ne passe pas à l'action offensive ! ».

Le temps de la maintenance est révolu, voici le temps de l'évangélisation, et elle commence auprès de nos familles, de nos communautés de notre voisinage et de nos collaborateurs.

L'action offensive évoquée par le maréchal Foch est celle de la charité qui évangélise et les baptisés doivent désormais monter en première ligne sur ce front.

Plusieurs décennies plus tard, lorsque les dirigeants des Chevaliers de Colomb américains se sont tournés vers la France[13] afin d'y fonder

---

12 À l'occasion d'un pèlerinage à Rome en 1920, les chevaliers de Colomb, qui reçurent la Légion d'Honneur au titre de leur engagement caritatif auprès de la France à la sortie de la guerre de 14-18, offrirent un bâton de maréchal à la France. Cette pièce unique d'orfèvrerie de chez Tiffany figure dans les collections du Musée des Invalides. Lors de son accueil dans la confrérie le 6 novembre 1921, le maréchal Foch serait devenu le millionième Chevalier de Colomb.

13 La présence des Chevaliers de Colomb en France a été personnellement encouragée par Carl Anderson, qui fut premier dirigeant de l'Ordre (Supreme Knight) entre 2000 et 2021.

des groupes paroissiaux, ils ont dit la chose suivante : « *En France, vous êtes si proches d'une réalité spirituelle d'une telle puissance que vous ne la voyez plus. En rejoignant la famille des deux millions d'hommes à travers le monde, nous voudrions que vous, Français, puissiez profondément vivre et intérioriser cet héritage dont vous êtes dépositaires, non pour vous enorgueillir mais pour le faire croître et rayonner bien au-delà de vos frontières* ». Notre famille internationale souhaite être un relais pour que cette « french legacy » puisse être mieux connue.

Cette invitation fait écho à cet appel lancé par saint Jean-Paul II pour que la France retrouve sa mission d'éducatrice des peuples.

Depuis, dans une approche inculturée, des hommes de France ont souhaité fonder ces groupes paroissiaux, adoptant les coutumes et cérémoniaux de leurs frères Chevaliers dans le monde. Leur engagement est de vivre leur foi en actes et de devenir simplement de meilleurs hommes.

À travers les projets, ils avancent épaule contre épaule et s'entraident pour s'affermir dans la foi, protéger et bénir leur famille, soutenir les prêtres et servir leur pays, animés de ce double élan populaire et missionnaire.

Plus d'un siècle après sa mort, telle est la fécondité française de la vision du bon père Michael Joseph McGivney.

Arnaud Bouthéon
Chevaliers de Colomb France

Le procès de béatification

En 1997, la cause de canonisation du Père McGivney fut ouverte.

En 2008, le Pape Benoît XVI a approuvé un décret de vertu héroïque pour le Père McGivney, le déclarant « Vénérable ».

Un miracle était nécessaire pour sa béatification.

De façon scientifiquement inexpliquée, un jeune enfant trisomique fut guéri *in utero* d'une maladie incurable par l'intercession du père McGivney, prié par toute sa famille.

En mai 2020, le pape François approuva la guérison du jeune Michael Schachle comme un miracle attribué à l'intercession du Vénérable Abbé Michael J. McGivney.

Sa béatification se déroula le 31 octobre 2020, en présence de la famille du jeune Michael, qui apporta avec sa fougue et son enthousiasme la relique du bienheureux au cardinal qui présida la cérémonie.

Le père McGivney pourrait devenir le premier curé américain à être canonisé.

Désormais, des catholiques du monde entier le vénèrent et l'incluent dans leur prière et leur méditation.

Il demeure présent dans le lien qui fut toujours son meilleur atout : celui qui existe entre un prêtre de paroisse et le monde moderne.

Remerciements

Nous sommes redevables aux bibliothèques de LeMoyne College à Syracuse, New York et à l'université du Niagara à Lewiston, New York, pour leurs riches collections consacrées à l'histoire catholique. Les collections de la Société d'histoire de l'État du Connecticut, de la bibliothèque de l'État du Connecticut, des universités de Yale et de Tulane, de la bibliothèque libre de New Haven, de la Société généalogique québécoise du Connecticut et de la Société d'histoire de la colonie de New Haven ont aussi été d'une grande importance pour nos recherches. Nous sommes aussi les obligés du Centre culturel Jean Paul II de la Catholic University in America de Washington, D. C. pour leurs éclairages sur des points clefs du travail effectué pour cet ouvrage.

Paul R. Keroack, du Connecticut, a entamé il y a quelques années un important projet de recherche sur la famille Downes de New Haven. Dans un cadre purement privé, il a écrit leur histoire sous forme manuscrite et en a déposé des copies dans plusieurs bibliothèques. Les auteurs lui sont particulièrement redevables pour son travail qui a permis de jeter la lumière sur une famille qui a joué un rôle si important dans l'histoire de Michael McGivney. En outre, Paul a été d'une grande aide en apportant ses suggestions tout au long des recherches effectuées pour cet ouvrage.

Kathryn Cooke nous a apporté son aide dès le début du projet en fournissant de la documentation de recherche sur Meriden, puis en relisant les chapitres pour nous. Kay a vécu à Meriden toute sa vie, et nous avons eu de la chance de l'avoir comme guide pour naviguer à travers son histoire.

Susan Brosnan, archiviste du Conseil suprême des Chevaliers de Colomb à New Haven, est une autre amie qui nous a aidés dans nos efforts. Personne n'aurait pu mieux nous guider dans les collections des Chevaliers de Colomb et n'aurait pu mieux nous donner conseil sur l'emplacement d'autres documents. Elle mérite notre profonde gratitude. Il est important de mentionner que ces archives sont conservées au musée des Chevaliers de Colomb à New Haven. Parmi les objets exposés dans le musée, il y en a de nombreux qui sont liés à la vie de Michael McGivney, comme sa montre de poche, des vêtements ou son agenda.

Le père Gabriel O'Donnell, postulateur de la cause pour la sainteté du père McGivney, a toute notre gratitude. Longtemps professeur au séminaire et à l'université, il a toujours pris le temps de discuter avec nous. Il s'est montré plein d'encouragements mais jamais insistant, et son état d'esprit était la manifestation de cet esprit de recherche cher aux historiens qui nous a animés pendant ce projet.

Lindy Boggs, ancien ambassadeur des États-Unis près le Saint-Siège, nous a éclairés sur beaucoup d'aspects du catholicisme aux États-Unis. Richard Harfmann nous a aidés dans nos recherches bibliques ainsi que celles conduites dans la plupart des universités citées ci-dessus. Il a aussi dirigé la commande de centaines de microfilms. Sur ce point, nous aimerions étendre nos remerciements aux bibliothécaires de l'université publique d'Onondaga, à l'université publique de l'État de New York à Morrisville et à la bibliothèque publique du comté d'Onondaga pour nous avoir aidés à trouver ces microfilms en quantité.

Nous aimerions aussi adresser des remerciements plus personnels à Edward et Anne Brinkley de Laguna Nigel, Californie, qui nous ont offert leurs sages conseils et leur soutien tout au long du travail effectué sur ce livre. Andrew Travers du centre Theodore-Roosevelt de l'université de Tulane a aussi contribué à nous assister et à nous faire garder le sourire. Warren et Ruth Fenster, de Porter, New York, ont relu le manuscrit et offert leurs commentaires pleins d'à-propos ; et enfin, nous remercions Neddy.

Remerciements pour l'édition française

Cette édition française n'aurait pu voir le jour sans le soutien de Monsieur Patrick Kelly, Supreme Knight et Monsieur Carl Anderson, Supreme Knight émérite des Chevaliers de Colomb.

Nous remercions Monsieur Maxime Nogier, Directeur Exécutif du Sanctuaire saint Jean-Paul II de Washington.

Merci à Pierre Chausse, Président des Éditions Première Partie.

Nous remercions Aurore Caudal, éditrice, pour son travail attentif et patient de relecture, ainsi que l'Abbé Pierre Amar et l'Abbé Simon Chouanard.

Merci à Hubert Darbon pour la traduction française de cet ouvrage.

Bibliographie sélective

Adams, William Forbes. *Ireland and Irish Emigration to the New World*. New York, Russell & Russell, 1932.

Anderson, Floyd. *Father Baker*. Milwaukee, Bruce, 1960.

Barrett, John D. *A Comparative Study of the Councils of Baltimore and the Code of Canon Law*. Washington, Catholic University Press, 1932.

Billington, Ray Allen. *The Protestant Crusade, 1800-1860 : A Study of the Origins of American Nativism*. New York, Rinehart, 1938.

Bland, Joan. *Hibernian Crusade : The Story of the Catholic Total Abstinence Union of America*. Washington, Catholic University of America Press, 1951.

Carnes, Mark C. *Secret Ritual and Manhood in Victorian America*. New Haven, Yale University Press, 1989.

Clawson, Mary Ann. *Constructing Brotherhood, Class, Gender and Fraternalism*. Princeton, Princeton University Press, 1989.

Cross, Robert. *The Emergence of Liberal Catholicism in America*. Cambridge, Harvard University Press, 1958.

Dolan, Jay P. *The American Catholic Experience*. Garden City, Doubleday, 1985. *Immigrant Church : New York's Irish and German Catholics*. Baltimore, Johns Hopkins University Press, 1975.

Duggan, Thomas C. *The Catholic Church in Connecticut*. New York, States History Co., 1930.

Ellis, John Tracy. *The Life of James Cardinal Gibbons*. Milwaukee, Bruce, 1952.

Fell, Marie Lennore. *The Foundations of Nativism in American Text books, 1963-1860*. Washington, Catholic University of America Press, 1941.

Fitton, James. *Sketches of the Establishment of the Church in New England*. Boston, P. Donahoe, 1872.

GIBBONS, James Cardinal. *The Ambassador of Christ*. Baltimore, J. Murphy & Co., 1896. *A Retrospective of Fifty Years*. Baltimore, John Murphy & Co., 1916.

HOGAN, Neil. *Cry of the Famishing*. East Haven, Connecticut Irish-American Historical Society, 1998.

KAUFFMAN, Christopher J. *Faith and Fraternalism : The History of the Knights of Columbus, 1882-1982*. New York, Harper & Row, 1982.

KEATINGE, James. *The Priest : His Character and Work*. Londres, Kegan Paul, Trench, Trubney, 1935.

KEROACK, Paul R. "Michael Downes and His Descendants". Tapuscrit, 1995. New Haven Colony Historical Society, New Haven.

LIPTAK, Delores Ann. *European Immigrants and the Catholic Church in Connecticut, 1870-1920*. Thèse de doctorat, University of Connecticut, 1979. *Hartford's Catholic Legacy : Leadership*. Hartford, archidiocèse d'Hartford, 1999.

MACDONALD, Fergus. *The Catholic Church and the Secret Societies in the United States*. New York, U.S. Catholic Historical Society, 1946.

MARTY, Martin E. *Pilgrims in Their Own Land : 500 Years of Religion in America*. Boston : Little, Brown, 1984. *Righteous Empire : The Protestant Experience in America*. New York, Dial Press, 1970.

MCAVOY, Thomas T. "The Irish Clergyman in the United States", American Catholic Historical Society Records 75, n° 1, mars 1964.

MILLET, Jacques. *Jésus vivant dans le prêtre, considérations sur la grandeur et la sainteté du sacerdoce*. Paris, Adrien Le Clère & Cie, 1854.

MYERS, Gustavus. *History of Bigotry in the United States*. New York, Random House, 1943.

NOONAN, Carroll J. *Nativism in Connecticut*. Washington, Catholic University of America Press, 1938.

O'DONNELL, James H. *History of the Diocese of Hartford*. Boston, D.H. Hurd, 1900.

SHARP, John K. *History of the Diocese of Brooklyn*. 2 vols. New York, Fordham University Press, 1954.

Veuillot, Pierre. *Notre sacerdoce. Documents pontificaux de Pie X à nos jours*, coll. Vie sacerdotale. Paris, Fleurus, 1954.

Willging, Eugene. *Catholic Serials of the Nineteenth Century in the United States*. Washington, Catholic University of America Press, 1959.

La version américaine de cette biographie comportait de nombreuses sources supplémentaires renvoyant vers des documents, articles de journaux ou extraits de lettres en anglais.
Le lecteur qui souhaitera s'y référer est invité à consulter l'édition américaine publiée chez Harper Collins et intitulée : *Parish Priest : Father Michael McGivney and American Catholicism.*

Table des matières

Achevé d'imprimer en mars 2021
sur les presses de
La Manufacture - Imprimeur – 52200 Langres
Tél. : (33) 325 845 892

N° imprimeur 210252 - Dépôt légal : avril 2021
Imprimé en France